_____ 학교 ____ 학년____반_____ 의 책이에요.

신나는 **교과 체험학습** 시리즈 이렇게 활용하세요!

'체험학습'이란 책에서나 수업 시간에 배운 지식을 실제 현장에서 직접 경험해 보는 공부 방법이에요. 단순히 전시된 물건을 관람하거나 공연을 보는 것이 아니라 학습을 하기 전에 미리 필요한 정보를 조사하는 것까지를 포함한 모든 활동을 의미해요. 어떻게 공부할 것인지를 준비하면 그렇지 않은 경우보다 훨씬 더 많은 것을 보고 느끼게 되겠지요. 이 책은 체험학습을 하려는 어린이들에게 좋은 길잡이 역할을 할 거예요.

❶ 가기 전에 읽어 보세요

이 책은 체험학습 현장을 어린이들이 쉽게 이해할 수 있도록 풀이한 안내서예요. 어린이들이 직접 체험학습 현장을 찾아가는 데 필요한 정보가 들어 있어요. 체험학습 현장을 가기 전에 꼼꼼히 읽어 보세요.

❷ 현장에서 비교해 보세요

항공우주박물관에 전시된 다양한 전시물을 재미있게 관람할 수 있도록 자세한 설명과 지식을 담았어요. 비행기가 어떻게 나는지, 로켓이 어떻게 생겼는지 생생한 사진과 모형, 실제 부품들을 통해 만날 수 있답니다.

❸ 스스로 활동해 보세요

이 시리즈는 단지 지식을 전달하기 위한 교양서가 아니에요. 어린이 여러분이 교과서로 수업 시간에 배운 내용을 실제 현장에서 직접 체험하며 익힐 수 있도록 다양한 활동 내용을 담았지요. 책 중간이나 뒷부분에 이해를 돕기 위한 활동이 있으니 꼭 스스로 정리해 보세요.

❹ 견학 후 활동이 다양해요

체험학습 후에는 반드시 견학 후 여러 가지 활동을 해 보세요. 보고서 쓰기, 신문 만들기, 그림 그리기 등을 통해 체험학습에서 보고 들은 내용을 다시 한번 정리하면 알찬 체험학습이 될 거예요.

신나는 교과 체험학습 51

하늘을 향해, 우주를 향해 한국항공대학교 항공우주박물관

초판 1쇄 발행 | 2008. 8. 29.
개정 3판 5쇄 발행 | 2023. 11. 10.

글 한국항공대학교 항공우주박물관 | **그림** 김우종 | **감수** 유병선

발행처 김영사 | **발행인** 고세규
등록번호 제 406-2003-036호 | **등록일자** 1979. 5. 17.
주소 경기도 파주시 문발로 197(우10881)
전화 마케팅부 031-955-3100 | 편집부 031-955-3113~20 | 팩스 031-955-3111
사진 게티이미지 나사 연합뉴스 유로포토서비스 주니어김영사 포토스탁 한국항공대학교 항공우주박물관

값은 표지에 있습니다.
ISBN 978-89-349-9922-5 64000
ISBN 978-89-349-8306-4 (세트)

좋은 독자가 좋은 책을 만듭니다. 김영사는 독자 여러분의 의견에 항상 귀 기울이고 있습니다.
전자우편 book@gimmyoung.com | 홈페이지 www.gimmyoungjr.com

어린이제품 안전특별법에 의한 표시사항

제품명 도서 **제조년월일** 2023년 11월 10일 **제조사명** 김영사 **주소** 10881 경기도 파주시 문발로 197
전화번호 031-955-3100 **제조국명** 대한민국 ⚠**주의** 책 모서리에 찍히거나 책장에 베이지 않게 조심하세요.

하늘을 향해, 우주를 향해

한국항공대학교 항공우주박물관

글 한국항공대학교 항공우주박물관 그림 김우종 감수 유병선

주니어김영사

차례

한국항공대학교
항공우주박물관에 가기 전에

미리 준비하세요

체험학습 책,
필기도구,
입장 요금, 사진기,
간편한 옷차림

미리 알아 두세요

관람일	화~일요일(월요일은 휴관)
관람 시간	10시~17시(입장은 16시까지)

관람 요금

대상	개인(1인)	단체(20인 이상)
어른	3,000원	2,500원
고교생(또는 만 19세) 이하	2,500원	2,000원

※ 경로우대자, 장애인, 군인과 경찰은 개인 요금의 반액이에요.
   보호자와 함께 입장하는 7세 이하의 어린이는 어른 1인당 1명이
   무료로 입장할 수 있어요.

문의	02)300-0467
주소	경기도 고양시 덕양구 항공대학로 76
	한국항공대학교 항공우주박물관
홈페이지	http://www.aerospacemuseum.or.kr

가는 방법

버스로 가요
광역버스(빨간색)를 이용할 경우 한국항공대학교 앞에서 내려요.
9708번, 9706번, 9713번을 이용해요.

지하철로 가요
지하철을 이용할 경우 아래 역들에서 내려서 광역버스(빨간색)나
지선버스(녹색)를 갈아타고 한국항공대학교 앞에서 내려요.

* 2호선 신촌전철역 1번 출구 (현대백화점 중소기업은행 앞)
   지선버스(녹색) 7727번, 7728번을 이용해요.
* 3호선 화정전철역 1번출구 (롯데마트 맞은편)
   지선버스(녹색) 7728번을 이용하세요.
* 6호선 수색전철역 5번 출구
   지선버스(녹색) 7727번, 7728번을 이용해요.

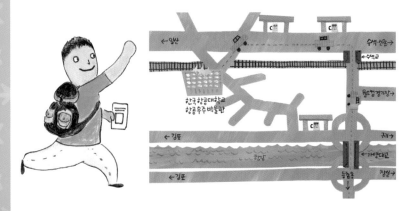

한국항공대학교 항공우주박물관은요……

사람이 언제부터 하늘을 날게 되었는지, 그리고 어떻게 하늘을 날 수 있게 되었는지 궁금한가요? 그렇다면 한국항공대학교 항공우주박물관으로 오세요. 이곳에서 첨단 과학 분야라고 할 수 있는 항공 우주 과학의 역사와 기술을 직접 눈으로 볼 수 있을 거예요.

한국항공대학교 항공우주박물관은 2004년 8월 4일에 문을 열었어요. 그때까지만 해도 우리나라에는 항공 우주 분야를 보고 체험할 수 있는 곳이 거의 없었답니다.

한국항공대학교 항공우주박물관에는 비행기의 역사와 원리, 여러 종류의 비행기, 우주선에 관한 여러 가지 전시물들이 있어요. 그리고 항공 우주에 대해 배우고 체험할 수 있는 체험 공간과 교육 프로그램도 갖추고 있지요. 어때요? 항공기나 우주선에 대해 당장이라도 알아보고 싶지요? 그럼, 이제 항공우주박물관을 함께 돌아볼까요?

한국항공대학교 항공우주박물관 전경

한눈에 보는 한국항공대학교 항공우주 박물관

한국항공대학교 항공우주 박물관은 실내 전시장과 옥외 전시장으로 이루어져 있어요. 실내 전시장은 1층과 2층으로 이루어져 있지요.

실내 전시장 1층에는 항공기*에 관련된 사진과 모형, 항공기의 실제 부품들이 전시되어 있어요. 또 입체 영상으로 비행기 조립이나 화성 탐사를 체험해 볼 수 있는 가상 체험실과 항공 우주 과학에 대한 영상을 보여 주는 멀티미디어 영상관도 있어요.

실내 전시장 2층에는 우주 과학 분야에 대해 쉽게 이해할 수 있는 우주에 관련된 사진 자료와 모형, 실제 부품 등이 전시되어 있어요.

옥외 전시장에서는 우리나라 공군에서 쓰던 전투기와 훈련기를 실제로 볼 수 있어요. 그리고 한국항공대학교 학생들이 직접 만든 비행기도 볼 수 있답니다.

*항공기 : 사람이나 물건을 싣고 공중을 비행할 수 있는 탈것을 통틀어 이르는 말로서 비행기, 헬리콥터, 활공기, 비행선 등이 있어요.

미래우주 Zone
사진, 모형, 실물 등을 통해 우주와 우주선에 대해 쉽게 이해할 수 있어요.

항공대 Zone
항공기 엔진과 프로펠러, 그리고 여러 부품을 보면서 항공기의 구조를 잘 이해할 수 있어요.

가상 체험관
가상 현실 기술을 이용하여 간접 체험을 할 수 있어요.

항공역사 Zone
항공기와 우주 비행체 기술이 발달해 온 역사를 사진이나 그림을 통해 볼 수 있어요.

지켜야 할 박물관 예절!
① 전시실 안에서는 사진 촬영을 할 수 없어요.
② 박물관 안에는 음식물이나 애완동물을 가지고 들어갈 수 없어요.
③ 전시장 유리에 손을 대거나 전시장 안에서 뛰어다니면 안 돼요.

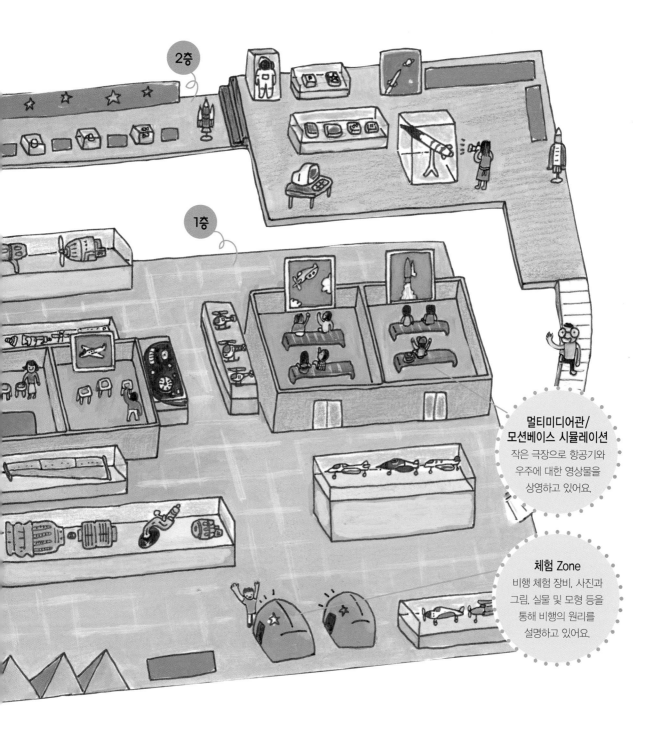

2층

1층

**멀티미디어관/
모션베이스 시뮬레이션**
작은 극장으로 항공기와
우주에 대한 영상물을
상영하고 있어요.

체험 Zone
비행 체험 장비, 사진과
그림, 실물 및 모형 등을
통해 비행의 원리를
설명하고 있어요.

항공우주박물관 전시 연계 교육 프로그램

항공우주박물관에서는 실제로 체험해 볼 수 있는 교육 프로그램도 준비하고 있어요. 비행 시뮬레이션을 통해 비행 체험을 해 볼 수 있는 '비행시뮬레이션 교육과정'이 있어요. 초등학생과 중·고등학생을 대상으로 한 체험 프로그램이에요. 박물관 홈페이지에 가면 자세한 내용을 알 수 있지요.

열기구에서 제트 엔진 비행기까지

몽골피에의 열기구가 등장하여 인류는 하늘을 날고 싶다는 오랜 꿈을 이루었어요.
겨우 하늘에 둥둥 떠다닐 뿐이었지만요. 하지만 그 뒤 200년이 채 지나지 않아
인류는 소리의 속도만큼 빨리 날 수 있게 되었답니다.

😊 **1783년** 몽골피에 형제의 열기구가
사람을 태우고 하늘을 날다.

😊 **1852년** 기파르가 비행선을 타고
방향을 조정하며 하늘을 날다.

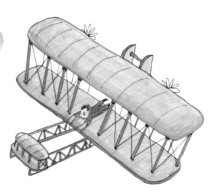

😊 **1903년** 라이트 형제가
동력 비행기를 타고 하늘을 날다.

😊 **1890년** 오토 릴리엔탈의
활공기(글라이더)가
동력 없이 활공 비행을 하다.

😊 **1927년** 린드버그가 중간에
멈추지 않고 대서양을 건너다.

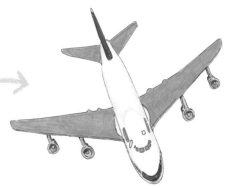

😊 **1947년** 제트 엔진 비행기가
음속보다 빠른 속도로 날다.

하늘을 나는 꿈을 이루다!

혹시 하늘을 나는 새를 보면서 '나도 저렇게 날 수 있다면 좋겠다.'라고 생각해 본 적 없나요? 아마 있을 거예요. 사실 새처럼 하늘을 날고 싶은 것은 아주 오래 전부터 사람들이 꿈꾸던 일이었어요. 그리스 신화에 나오는 이카로스부터 최초의 동력 비행기를 만든 라이트 형제까지 수많은 도전이 있었지요.

한국항공대학교 항공우주박물관 1층에는 이 모든 것에 대해 이야기해 주는 전시물들이 가득 차 있답니다. 자, 이제 안으로 들어가서 하늘을 날기 위해 노력한 사람들의 꿈과 항공기에 대한 이야기를 들어 볼까요?

어떻게 하늘을 날게 되었을까?

전시장 입구에는 하늘을 날기 위한 노력을 보여 주는 사진들과 그림들이 있어요. 항공의 역사를 한눈에 볼 수 있지요. 사람들은 아주 오래 전부터 날기 위해 애썼어요. 새처럼 팔을 휘저으며 절벽에서 뛰어내려 보기도 하고 여러 마리의 새를 붙잡아 줄에 매달아 나는 상상을 하기도 했지요. 하지만 이런 방법으로는 하늘을 날 수 없었어요.

1500년대에 레오나르도 다빈치는 새가 어떻게 하늘을 나는지에 대해 알아내면, 사람도 하늘을 날 수 있을 거라고 생각했어요. 그는 새에 대해 과학적으로 연구를 하면서 다양한 비행기구 스케치들을 남겼어요. 하지만 다빈치도 하늘을 날지 못했지요.

이카로스
그리스 신화에 나오는 인물이에요. 새의 깃털과 밀랍으로 날개를 만들어 달고 하늘을 날다가, 너무 하늘 높이 나는 바람에 햇빛에 밀랍이 녹아 땅에 떨어져 죽었다고 해요.

레오나르도 다빈치의 날개 스케치
레오나르도 다빈치가 박쥐의 날개를 보면서 그린 날개 스케치라고 해요. 하늘을 날기 위한 다빈치의 노력을 보여 주지요.

항공 우주 발달사 전시관
항공우주박물관에 들어서자마자 오른쪽을 보면 항공 우주 발달사를 사진으로 정리해 놓은 전시물이 있어요. 이카로스의 밀랍 날개 이야기부터 오늘날의 비행기 이야기까지 차례로 볼 수 있지요.

열기구를 타고 하늘에 둥둥

사람이 하늘을 날게 된 것은 다빈치가 스케치로 날개를 그려 본 이후 300년쯤 지난 뒤였어요. 1783년 11월 21일, 프랑스 파리에서 로지에와 아를랑데 두 사람이 몽골피에 형제가 만든 열기구를 타고 하늘 위로 떠올랐어요. 드디어 사람이 하늘을 날게 된 거예요. 아직 방향을 마음대로 조절할 수는 없었지만요.

1852년, 기파르는 방향을 조절할 수 있는 비행선을 개발했어요. 비행선에는 공기보다 가벼운 수소 가스나 헬륨 가스를 넣었어요. 비행선은 1897년 독일의 체펠린 장군이 비행선을 띄우는 데 성공한 뒤부터 많이 만들어졌지요. 하지만 1937년 힌덴부르크 호가 폭발하는 사고가 일어나자 비행선은 거의 사라졌어요.

1800년대 후반에는 활공기(글라이더)라는 비행기구도 있었어요. 독일의 릴리엔탈이 만들었지요. 릴리엔탈은 2,000번이 넘게 비행을 하면서 자료를 모으고, 활공기의 단점을 고치면서 계속 새로운 활공기를 만들었대요. 활공기는 기계에 고정된 날개를 단 것으로, 바람의 힘을 빌려 날 수 있고 스스로 날지는 못했어요.

비행선의 공기주머니

비행선의 커다란 공기주머니 안에는 세 가지 공기주머니가 있어요. 가운데 있는 것은 크고, 양 끝에 있는 것은 작아요. 가운데 공기주머니에는 공기보다 가벼운 헬륨 가스를 넣어 비행선을 위로 뜰 수 있게 해요. 양 끝에 있는 공기주머니에는 공기를 넣거나 빼서 비행선을 무겁거나 가볍게 만들어서 위아래로 움직이게 해요. 방향을 조절할 때는 여러 개의 프로펠러를 이용하지요.

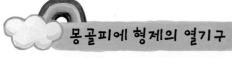

몽골피에 형제의 열기구

몽골피에 형제는 종이를 만들던 사람이었어요. 어느 날 형 조제프는 난로 앞에서 종이가 타면서 위로 올라가는 것을 보고, '뜨거운 공기를 채우면 위로 올라가겠구나!'라고 생각했지요. 조제프는 동생과 함께 종이와 천을 이용해서 열기구를 만들었어요. 두 사람은 실험을 거듭한 끝에 1783년 열기구를 하늘에 띄우는 데 성공했고 그해 11월에는 두 사람을 태우고 실험했어요. 하늘로 올라간 열기구는 20여 분 동안이나 비행했지요.

동력 비행기로 하늘을 훨훨

사람들은 더 오래 더 멀리 날고 싶어서 동력 비행기를 만들었어요.

동력 비행기는 글라이더에 엔진을 달아 스스로 날 수 있도록 하고 프로펠러를 돌려 원하는 방향으로 조종할 수 있게 만든 비행기예요. 처음으로 동력 비행에 성공한 것은 미국의 라이트 형제였어요. 라이트 형제는 오랫동안 연구한 끝

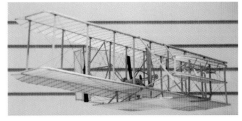

플라이어 호 모형
플라이어 호는 조종이 가능한 최초의 동력 비행기예요. 박물관에 모형이 전시되어 있어요.

에 마침내 동력 비행기를 만들어 하늘을 날았어요. 이들의 비행은 단순히 공중에 뜨는 비행기를 만든 것이 아니라 조종이 가능한 비행기를 만들었다는 점에서 아주 높은 평가를 받았지요. 드디어 하늘을 자유롭게 날 수 있는 비행기를 만든 거예요. 이때부터 비행기는 급속도로 발달하게 되었어요. 프랑스의 듀몽은 1906년 상자 모양의 비행기를 만들어 동력 비행에 성공했고, 블레리오는 자신이 만든 비행기를 타고 최초로 영국과 프랑스 사이에 있는 도버 해협을 건너는 데 성공했지요.

> **동력**
> 움직임을 일으키는 힘을 말해요.

> **엔진**
> 열에너지, 전기 에너지, 수력 에너지 따위를 기계적인 힘으로 바꾸는 장치예요. 주로 열에너지를 이용하는 열기관을 가리켜요.

플라이어 호의 비행
1903년 12월 7일, 라이트 형제는 자신들이 만든 플라이어 호를 타고 37미터를 난 후에 무사히 착륙했어요. 이것이 바로 인류 최초의 동력 비행이에요.

제1차 세계 대전과 비행기

제1차 세계 대전이 일어나기 전까지 비행기는 신기한 스포츠 도구 정도로 여겨졌어요. 하지만 전쟁이 일어나면서 이런 생각은 변했지요. 전쟁 초기에 정찰용이었던 비행기는 시간이 지나면서 차츰 무기가 되었어요. 세계 대전을 치르면서 비행기의 성능은 엄청나게 발전했지요. 또 전쟁에 사용하기 위해 비행기를 빨리 만들다 보니 대량 생산하는 기술도 발전하게 되었어요.

제1차 세계 대전이 끝난 뒤 비행기는 많은 발전을 했어
요. 린드버그가 대서양을 횡단하면서 장거리
비행 시대가 열렸고, 매우 높은 높이
에서도 비행할 수 있게 되었어요. 이
시기에 화물기, 여객기, 비행정도 만들어
지고 여객기 회사도 생겼지요.

제2차 세계 대전과 현대 비행기

그 뒤 제2차 세계 대전이 일어나
자 각 나라들은 앞을 다투어 전투
기를 개발했어요. 그 결과 모든 비
행기의 성능이 크게 나아졌어요.
튼튼해지고 편해지고 빨라졌지요. 그
중에서도 제트 엔진을 이용하여 매우 빨리
나는 제트 비행기를 개발한 것은 놀라운 일이
었지요. 1947년 미국의 벨 X-1 제트 비행기
가 세계 최초로 음속으로 나는 데 성공을 하
면서 인류는 엄청 빠른 속도로 하늘을 날게
되었어요.

대형 여객기
(보잉747 모형)
보잉 747은 미국의 보잉 사가
개발한 대형 여객기예요. '점보
제트'라고 불리기도 해요.

전투기(솝위드캐멀 모형)
솝위드캐멀은 제1차 세계 대
전 때 활약한 영국의 전투기
예요.

비행정
모양이 배와 비슷하며 주로
바다나 강가에서 뜨고 내릴수
있는 비행기를 말해요.

음속
소리가 전해지는 속도를 말
해요.

제트 엔진을 이용해서
제트 비행기라고
하는 거구나!

제2차 세계 대전에서 활약한 비행기

제2차 세계 대전 때에는 전투기의 성능이 매우 좋아졌어요.
힘센 엔진이 개발되었고 날개가 한 쌍인 단엽기가 주로 활동했지요.

메서슈미트 BF-109 모형
메서슈미트는 독일에서 개
발한 비행기로 매우 빠르게
움직여요.

제로파이터 모형
제로파이터는 일본에서 개
발한 비행기로 제로센이라
고도 불렸어요.

스핏파이어 모형
스핏파이어는 영국의 전투
기로, 가볍고 빨라요.

머스탱 모형
머스탱은 미국의 전투기
예요. '하늘의 캐딜락'이
라 불릴 만큼 지금까지
만들어진 전투기 중 최고
라고 불리고 있어요.

비행기는 어떻게 생겼을까?

라이트 형제의 비행기가 발명된 뒤 그동안 비행기의 모습도 많이 바뀌었어요. 하지만 어떤 비행기든지 기본 구조는 비슷해요. 비행기의 모습은 크게 동체, 날개, 착륙 장치로 이루어져 있어요. 물론 자세히 보면 조금 더 복잡하지만요. 자, 그럼 비행기가 어떻게 생겼는지 살펴볼까요?

동체는 비행기의 몸통 부분이에요. 길쭉한 원통 모양으로 생겼어요. 동체의 앞 부분에는 조종사가 타는 조종석이 있고 양옆과 뒤로는 날개가 달려 있지요.

비행기에는 여러 가지의 날개가 있어요. 주 날개, 수직 꼬리 날개, 수평 꼬리 날개 등이 있지요. 주 날개는 동체를 중심으로 양쪽으로 뻗어 있어요. 수직 꼬리 날개는 비행기 뒤쪽에 수직으로 세워져 있

 동체

항공기에서 날개와 꼬리를 뺀 중심 부분이에요. 승무원, 여객, 화물 따위를 실으며 엔진이나 연료 탱크 등이 장치되어 있어요.

비행기의 구조

수직 꼬리 날개
동체 뒤에 직각으로 세워진 날개예요. 비행기가 왼쪽이나 오른쪽으로 움직이는 운동을 안정적으로 하게 해 주지요.

수평 꼬리 날개
동체 뒤에 평평하게 달린 날개예요. 비행기가 위아래로 움직이는 운동을 안정적으로 하게 해 주어요.

주 날개
동체 양옆으로 뻗어 있는 날개예요. 비행기 날개라고 하면 보통 주 날개를 가리키는 것이지요.

이야, 드디어 착륙하려나 보다!

착륙 장치(랜딩 기어)
비행기가 안전하게 땅에 내릴 수 있게 해 주어요. 날 때에는 동체에 붙어 있다가 땅에 착륙할 때에는 아래로 내려와요.

엔진
비행기가 앞으로 나갈 수 있는 힘을 내 주는 것이에요. 동력 비행기에는 모두 엔진이 있어요.

고, 수평 꼬리 날개는 비행기 뒤쪽에 양쪽으로 펑펑하게 뻗은 작은 날개이지요. 그런데 이 날개들을 자세히 보면 각각 움직이는 날개가 붙어 있어요. 주 날개에는 보조 날개, 수직 꼬리 날개에는 방향키, 수평 꼬리 날개에는 승강키가 붙어 있지요.

엔진은 동체 안에 있거나 날개 밑에 달려 있어요. 작은 비행기는 동체 안에 엔진이 들어 있지만 아주 큰 여객기는 날개 밑에 달려 있지요. 날개 밑에 달려 있는 둥근 원기둥 모양의 물체가 바로 엔진이에요. 그리고, 날개 밑에 있는 바퀴가 무엇인지는 다 알지요? 바로 착륙 장치예요. 비행기가 날 때에는 위로 올라붙어 있다가 착륙할 때에는 아래로 내려오지요.

보조 날개

주 날개 안쪽에 있는 움직이는 날개로 에일러론이라고도 해요. 비행기가 왼쪽이나 오른쪽으로 기울어지게 해 주지요.

승강키

수평꼬리날개에 붙어 있는 날개로 엘리베이터라고도 해요. 물고기 지느러미처럼 움직여요. 이 날개를 이용해서 비행기가 위아래로 움직여요.

방향키

수직꼬리날개에 붙어 있는 움직이는 날개로 러더라고도 해요. 비행기가 왼쪽이나 오른쪽으로 움직이도록 해 주지요.

비행기의 주요 부분

항공우주박물관에는 실제로 비행기에 달려 있던 날개, 엔진, 착륙 장치가 전시되어 있어요. 착륙 장치는 작동시킬 수도 있답니다.

착륙 장치

엔진

날개

여기서 **잠깐!**

비행기의 구조에 대해서 알아보아요.

비행기 각 부분에 알맞은 이름을 보기에서 찾아 빈칸에 써 넣으세요.

( )

보기 주 날개, 착륙 장치, 수평 꼬리 날개, 수직 꼬리 날개

정답은 56쪽에

비행기, 옛날부터 오늘날까지
얼마나 변했을까?

박물관에 있는 옛날 비행기 모형들을 보았지요? 보면서 어떤 생각을 했나요? 아마 '오늘날의 비행기와는 많이 다르게 생겼네?'라고 생각했을 거예요.

실제로 비행기는 처음 발명된 뒤에 오늘날까지 정말 많이 변했어요. 어디가 어떻게 변했는지 한번 볼까요?

처음에는 비행기 날개가 세 쌍이었어요

옛날 비행기 가운데에는 날개가 두 쌍인 것도 있고 세 쌍인 것도 있어요. 날개에서 생기는 양력*을 이용하기 위해서 날개를 많이 달아 놓은 거지요. 그 당시에만 해도 비행기는 무겁고 엔진의 힘은 약했기 때문에 무거운 비행기가 잘 날게 하기 위해서 날개를 많이 달아 놓은 것이지요. 하지만 비행기 엔진을 만드는 기술이 발전하면서 엔진의 힘도 강해졌어요. 그와 함께 날개의 수도 줄어들었지요.

그 뒤 비행기는 점점 빨리 날 수 있는 형태로 변화했어요. 제2차 세계 대전이 끝날 무렵에는 제트 엔진이 개발되어 훨씬 빨리 날 수 있게 되었지요. 그에 따라 비행기의 모습도 많이 바뀌었어요. 날개의 수가 줄어들었을 뿐만 아니라

비행기 날개의 모양도 다양해졌어요. 날개가 동체와 직각을 이루어서 저항을 많이 일으키는 직선익에서 날개가 뒤로 약간 젖혀지는 후퇴익의 형태로 발전했지요. 요즘 전투기나 여객기의 날개를 보면 그 변화를 알 수 있어요.

포커 모형
포커는 주 날개가 세 쌍인 비행기예요. 제1차 세계 대전 때의 전투기예요. 이 전투기 덕분에 독일은 당시 공중전에서 여러 차례 승리를 거두었어요.

*양력 : 비행기의 날개가 공기 속을 지나가면서 날개에서 생기는 힘이에요.

타이거모스 모형
타이거모스는 주 날개가 두 쌍인 비행기예요. 제2차 세계 대전에서 영국 공군의 훈련기로 많이 이용되었던 비행기예요.

세상에, 정말 나무로 틀을 만들었잖아!

DC-3 다코타 모형
DC-3 다코타는 2차 세계 대전 때에 사용된 수송기예요. 뼈대를 나무로 만들었어요.

더욱 튼튼해졌어요

시대가 변하면서 비행기의 모습이 변한 것처럼 비행기를 만드는 재료도 변했어요. 혹시 전시장에서 옛날 비행기의 겉모습을 보고 '어! 이거 천 아니야?' 하는 생각을 한 적이 있나요? 네, 맞아요. 옛날에는 나무와 캔버스를 이용해서 비행기를 만들었어요. 처음에는 나무를 깎아서 비행기의 뼈대를 만들고, 그 위에 캔버스를 붙이고 꿰매어서 비행기를 만들었어요. 나무와 천을 이용해 만드니 가벼워서 좋았지만 튼튼하지는 않았지요. 그래서 더 튼튼한 구조를 만들기 위해서 금속을 쓰게 되었어요. 단단한 구조를 만들 수 있는 알루미늄의 합금인 듀랄루민을 사용하기 시작했지요. 하지만 듀랄루민 합금은 비행기의 속도가 올라가면서 생기는 열을 견디기는 힘들었어요. 그래서 나중에는 열에 잘 견디는 티타늄 합금을 사용하게 되었답니다. 오늘날에는 열에도 잘 견디고 무거운 무게에도 잘 견디는 탄소 섬유 강화 복합 재료 등이 쓰이고 있어요.

미그-15 모형
미그-15는 주 날개가 한 쌍이며 날개의 모양이 뒤로 젖혀진 비행기예요. 1948년에 처음 만들어진 전투기로, 빨리 날 수 있어요.

Gee bee R1 모형
Gee bee R1은 주 날개가 한 쌍인 비행기예요. 그랜빌 형제가 만들었으며, 1930년대에 경기용으로 많이 이용되었어요.

비행기는 어떻게 날까?

'거대한 비행기가 어떻게 하늘을 날 수 있을까?' 하고 생각해 본 적이 있나요? 그 질문에 대한 열쇠는 바로 비행기의 날개에 있답니다. 하지만 비행기가 나는 원리를 알려면 먼저 공중에 떠 있는 비행기에 어떤 힘이 작용하는지 알아보아야 해요. 자, 그럼 비행기에 작용하는 힘에 대해서 살펴볼까요?

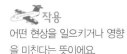

작용
어떤 현상을 일으키거나 영향을 미친다는 뜻이에요.

비행기는 어떻게 공중에 떠 있는 걸까?

비행기에 작용하는 중요한 힘은 추력, 항력, 양력, 중력 이렇게 네 가지예요. 추력은 앞으로 작용하는 힘이고, 항력은 뒤쪽으로 작용하는 힘이에요. 양력은 위쪽으로 작용하는 힘이고, 중력은 아래쪽으로 작용하는 힘이에요. 그러니까 비행기가 앞으로 가려면 항력보다 추력이 커야 하고 비행기가 공중으로 올라가기 위해서는 중력보다 양력이 커야 하지요. 자, 그럼 무거운 비행기가 공중에 뜰 수 있게 해 주는 힘인 양력에 대해서 살펴볼까요?

비행기에 작용하는 힘

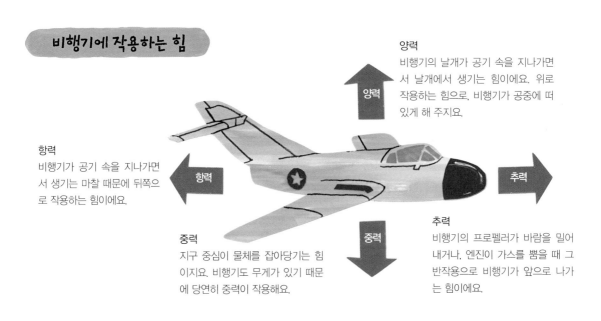

양력
비행기의 날개가 공기 속을 지나가면서 날개에서 생기는 힘이에요. 위로 작용하는 힘으로, 비행기가 공중에 떠 있게 해 주지요.

항력
비행기가 공기 속을 지나가면서 생기는 마찰 때문에 뒤쪽으로 작용하는 힘이에요.

중력
지구 중심이 물체를 잡아당기는 힘이지요. 비행기도 무게가 있기 때문에 당연히 중력이 작용해요.

추력
비행기의 프로펠러가 바람을 밀어내거나, 엔진이 가스를 뿜을 때 그 반작용으로 비행기가 앞으로 나가는 힘이에요.

양력 발생의 원리는?

 양력이 생기는 원리를 알려면 비행기 날개를 살펴보면 돼요. 비행기 날개를 수직으로 잘라 보면 에어포일이라는 단면이 나와요. 보통 에어포일은 윗면이 볼록하고 아랫면은 편평하지요.

 비행기가 앞으로 나아가면 공기는 날개 앞쪽에 부딪치면서 날개 위로도 지나가고 날개 아래로도 지나가요. 위와 아래로 지나간 공기는 날개 끝에 와서 다시 만나고요. 날개는 윗면이 더 볼록하니까 윗면의 공기가 같은 시간 안에 더 먼 거리를 움직이지요. 이때 위쪽으로 지나는 공기가 아래쪽으로 지나는 공기와 만나려면 더 빠르게 지나가야 하지요. 이렇게 공기가 지나는 속도가 다르면 압력에도 차이가 생겨

에어포일
비행기 날개의 단면 모양을 말해요.

요. 공기가 지나는 속도가 빠른 날개 위쪽은 압력이 낮고, 공기가 지나는 속도가 느린 날개 아래쪽은 압력이 높지요. 그런데 압력은 높은 곳에서 낮은 곳으로 움직이려 하기 때문에 날개 아래쪽에서 날개 위쪽으로 미는 힘이 생기지요. 이 힘이 바로 양력이랍니다.

볼록한 면(위쪽) : 공기가 빠른 속도로 지나므로 압력이 낮아요.

편평한 면(아래쪽) : 공기가 느린 속도로 지나므로 압력이 높아요.

양력 시험 풍동기
안에 있는 에어포일 모형에 바람을 불어 양력을 실험할 수 있는 기계예요.

우아, 저거 만져 보고 싶다!

네, 선생님!

이제, 양력이 어떻게 작용하는지 알겠니?

날개의 비밀을 밝혀라

비행기 날개를 그냥 보면 비행기 주 날개는 모두 비슷해 보여요. 동체 양쪽으로 쭉 뻗어 있지요. 하지만 자세히 보면 날개의 위치나 날개의 모양이 조금씩 달라요. 날개의 위치와 날개의 모양에 따라 비행기의 성능이 어떻게 다른지 한번 살펴볼까요?

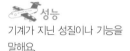
성능
기계가 지닌 성질이나 기능을 말해요.

날개 위치가 다르면?

비행기는 날개의 위치에 따라서 고익기, 중익기, 저익기로 나눌 수 있어요. 날개가 동체 위쪽에 달려 있으면 날개가 높이 달려 있다고

고익기(HU-16E 알바트로스 모형)
고익기는 날개가 동체 위쪽에 달려 있기 때문에, 회전을 해도 원래 상태로 돌아오려는 안정성이 강해요. 비행 훈련을 하는 훈련기에 많이 쓰이지요.

중익기(X-1 글래머로스그렌 모형)
중익기는 고익기의 장점과 저익기의 장점을 섞은 비행기예요.

저익기(T-28B 트로잔 모형)
저익기는 비행기 날개가 동체 아래쪽에 붙어 있기 때문에 회전을 할 때 빠르게 회전하고 안정성이 적어요. 그 때문에 기동성이 좋은 전투기에 많이 쓰여요.

저기 봐. 날개가 높은 데 달린 고익기도 있어

저기 날개가 낮은 데 달린 것은 전투기일까?

해서 고익기라고 하고, 날개가 동체 아래쪽에 달려 있으면 낮은 쪽에 달려 있다고 해서 저익기라고 해요. 날개가 동체 중간에 달려 있으면 중익기라고 해요.

날개의 위치가 왜 중요하냐고요? 그건 오뚝이를 보면 알 수 있어요. 오뚝이는 아래쪽에 무게 중심이 있기 때문에 아무리 넘어뜨려도 원래대로 오뚝 서지요? 이런 것을 안정성이 강하다고 하는데, 비행기랑 연관해 생각해 보면 날개의 위치에 따라 어떤 특징이 있을지 짐작할 수 있을 거예요. 고익기는 날개가 위쪽에 있어서 날개 아래쪽이 무거우니까, 무게 중심이 아래쪽에 있어 안정성이 강하고 저익기는 그 반대라서 안정성이 적답니다.

날개 모양이 다르면?

비행기 날개의 모양은 직사각형, 타원형, 사다리꼴, 삼각형 등 매우 다양해요. 또 동체와 직각을 이루는 모양도 있고 뒤로 젖혀진 모양도 있지요. 그런데 비행기는 이런 날개 모양에 따라서 다른 특징을 지녀요. 날개의 모양에 따라 비행기의 안정성이 더 높아지기도 하고 속도가 더 빨라지기도 하지요.

비행기 날개의 모양과 특징

대표적인 날개의 모양과 특징이에요.
한번 살펴볼까요?

직선익
동체와 직각을 이루는 직사각형 날개예요. 만들기 쉽고, 낮은 속도에서 안정성이 우수해요. 속도가 빠르지 않은 경비행기에 주로 사용되어요.

타원익
타원형에 가까운 모양이에요. 직선익과 특징이 비슷하지만 더 잘 떠요. 만들기 힘든 모양이라 잘 쓰이지 않아요.

테이퍼익
사다리꼴에 가까워요. 직선익과 타원익의 장점을 합친 날개이며, 요즘 항공기에 많이 쓰이고 있어요.

후퇴익
날개가 뒤로 젖혀져 있어요. 그래서 항력이 적게 발생해요. 음속을 돌파할 때 생기는 충격파의 발생을 약하게 만들어 주기 때문에 비행기가 더욱 쉽고 빠르게 음속에 도달할 수 있지요.

델타익
삼각형을 닮았어요. 음속 이상의 고속 비행에 사용하기 위해 개발되었어요. 유럽의 전투기들이 델타익을 많이 사용하고 있어요.

조종석은 어떻게 생겼을까?

비행기 앞부분에는 조종사들이 앉는 자리인 조종석이 있어요. 조종석에는 비행기를 조종하는 데 필요한 조종간, 스로틀, 페달 같은 장치들이 있지요. 이 장치들이 어떤 역할을 하는지, 그리고 어떻게 생겼는지 궁금하지요? 그럼 비행기 조종석 안을 함께 살펴볼까요?

조종간은 비행기가 날 때 비행기의 움직임을 조종하는 장치예요. 비행기의 각 날개에 붙어 있는 보조 날개, 승강키, 방향키 같은 조종면을 조종하지요. 옛날에는 조종간과 날개에 있는 조종면이 와이어로 연결되어 있었어요. 조종사의 힘으로 조종을 하는 셈이었지요. 오늘날에는 조종간의 움직임을 전기 신호로 바꾸어 조종면을 움직인답니다.

스로틀은 비행기 엔진의 출력을 조절하는 장치예요. 비행기가 움직

 조종면

보통 비행기 주 날개에 붙어 있는 보조 날개. 수평 꼬리 날개에 붙어 있는 승강키. 수직 꼬리 날개에 붙어 있는 방향키를 가리켜요. 비행기의 운동 방향을 바꾸어 주는 역할을 해요.

 와이어

여러 가닥의 강철 철사를 꼬아 만든 줄이에요.

조종석의 조종 장치

스로틀
엔진의 출력을 조종하는 장치예요. 위아래로 올리고 내리는 형식도 있고. 밀고 당기는 형식도 있답니다.

조종간(요크)
양손으로 움직여 조종을 하게 되어 있는 조종간이에요. 경비행기나 여객기의 조종간은 보통 요크의 형태예요.

페달
페달은 페달 뒤쪽을 밟느냐, 앞쪽을 밟느냐에 따라 방향을 조종하는 역할을 하기도 하고 브레이크 역할을 하기도 해요.

이는 힘을 조절하는 장치라고 할 수 있지요. 스로틀을 앞쪽으로 끝까지 올리면 최대 출력이 되고, 아래쪽으로 끝까지 내리면 최저 출력이 되지요.

페달은 비행기가 하늘과 지상에서 방향을 바꾸거나 비행기를 멈추게 하는 데 필요한 장치예요. 페달 앞쪽을 밟게 되면 자동차의 브레이크와 같은 역할도 한답니다. 비행기가 회전할 때 미끄러지는 현상을 방지하는 역할도 하지요.

여기서 **잠깐!**

비행기 조종 장치에 대해 알아보아요.

다음 설명에 알맞은 비행기 조종 장치는 무엇인지 **보기**에서 찾아 빈칸에 쓰세요.

1) 비행기 엔진의 출력을 조절할 수 있게 해 주어요. (   )
2) 비행기가 날 때 비행기의 움직임을 조종할 수 있게 해 주어요. (   )
3) 지상에서 활주할 때 방향을 바꿀 수 있게 해 주어요. (   )

보기 조종간 스로틀 페달

정답은 56쪽에

제1차 세계 대전 최고의 조종사!

제1차 세계 대전 때에는 뛰어난 조종 기술을 자랑하는 전투기 조종사들이 많이 나타났어요. 그중에서도 대표적인 조종사로는 리히토펜, 뵐케, 리켄베커 등이 있지요.

만프레드 폰 리히토펜
제1차 세계 대전 중 적군 비행기 80여 기를 격추시킨 독일의 전투기 비행사예요. 최고의 에이스*로 불리지요. 그가 조종했던 붉은 색의 포커 삼엽기가 유명해요.

오스왈트 뵐케
제1차 세계 대전 중 적군 비행기 40기를 격추시킨 독일의 전투기 조종사예요. 공중전의 8가지 법칙을 만들었다고 해요.

에디 리켄베커
제1차 세계 대전 중 적군 비행기 26기를 격추시킨 연합군의 전투기 조종사예요.

난, 리히토펜!!

*에이스 : 적군의 비행기 5대 이상을 격추한 공군 조종사를 가리키는 말이에요.

비행기는 어떻게 조종할까?

비행기의 운동은 비행기의 무게 중심을 지나는 세 개의 축을 중심으로 이루어진다고 할 수 있어요. 이러한 세 개의 축을 중심으로 비행기의 움직임도 피칭, 롤링, 요잉 이렇게 세 가지로 나눌 수 있지요. 이런 움직임들은 각각 승강키, 보조 날개, 방향키 등의 조종면을 이용하여 이루어지지요.

축
어떤 활동이나 회전의 중심을 말해요.

승강키
수평 꼬리 날개에 붙어 있는 날개로. 위아래로 움직여요.

보조 날개
주 날개에 붙어 있는 날개로, 위아래로 움직여요.

방향키
수직 꼬리 날개에 붙어 있는 날개로, 왼쪽과 오른쪽으로 움직여요.

기수
비행기의 앞부분을 말해요.

가로축
비행기의 왼쪽과 오른쪽을 연결하는 축이에요.

피칭
비행기의 기수가 위 또는 아래로 움직여요.

피칭은 비행기가 가로축을 중심으로 움직이는 거예요. 승강키의 움직임에 따라 기수가 위아래로 향하는 운동이지요. 조종간을 밀고 당기는 데에 따라서 기수가 위쪽으로도 향하고 아래쪽으로 향하게 되지요.

롤링은 세로축을 중심으로 움직이는 거예요. 보조 날개의 움직임에 따라 동체가 왼쪽이나 오른쪽으로 기우는 운동이에요. 조종간을 왼쪽이나 오른쪽으로 기울이면 그에 따라 보조 날개가 움직이고 동체도 왼쪽이나 오른쪽으로 기울게 되는 거지요.

세로축
비행기의 앞뒤를 연결하는 축이에요.

롤링
비행기의 동체가 왼쪽이나 오른쪽으로 기울어요.

요잉은 수직축을 중심으로 움직이는 거예요. 기수가 왼쪽이나 오른쪽으로 방향을 트는 운동이에요. 페달을 왼쪽이나 오른쪽으로 밀어서 방향키를 움직이면 기수가 왼쪽이나 오른쪽으로 방향을 틀지요.

요잉
비행기의 동체가 왼쪽이나 오른쪽으로 방향을 틀어요.

수직축
비행기의 위아래를 연결하는 축이에요.

기본적인 비행은 어떻게 할까?

비행기는 하늘을 자유롭게 날아요. 하늘을 향해 위로 올라가는 상승 비행을 하기도 하고, 아래로 내려오는 하강 비행을 하기도 하고, 방향을 바꾸는 선회 비행을 하기도 하지요. 이 세 가지를 보통 기본적인 비행이라고 해요.

상승 비행을 하려면 어떻게 할까요? 조종간을 뒤로 당기면 되지요. 그런데 자동차가 언덕을 올라갈 때 힘이 떨어지듯이 비행기도 점점 출력이 떨어져요. 계속 올라가려면 어느 정도 출력을 올려 줘야 하지요. 하강 비행을 하고 싶다고요? 그렇다면 조종간을 앞으로 밀면 되어요. 그런데 하강 비행을 할 때에는 속도가 빨라지니까 엔진의 힘을 줄여서 속도가 지나치게 빨라지는 것을 막아야 하지요. 마지막으로 선회 비행을 하려면 조종간을 왼쪽이나 오른쪽으로 기울이면 되어요. 조종간을 왼쪽으로 기울이면 날개가 왼쪽으로 기울어서 왼쪽으로 선회 비행하고, 오른쪽으로 기울이면 날개가 오른쪽으로 기울어서 오른쪽으로 선회 비행하지요.

상승 비행

하강 비행

선회 비행

여기서 잠깐!

어떻게 조종할까?

비행기의 운동인 롤링과 관계있는 조종 장치를 골라 번호에 ○표 하세요.

① 페달　② 조종간
③ 승강키　④ 방향키

정답은 56쪽에

비행기를 조종해 보자

비행기를 조종하여 하늘을 날려면 먼저 비행기에 대해서 많이 배워야 해요. 또 하늘에 올라가기 전에 실제로 비행기를 여러 차례 조종해 봐야 돼요. 그런데 조종이 서툰 초보 조종사가 실제 비행기를 가지고 비행하면 생명이 위험할 수 있고, 비행기가 고장 나는 경우도 있겠지요? 이런 문제를 해결하기 위해 개발된 기계가 있어요. 바로 비행 시뮬레이터예요.

비행 시뮬레이터는 컴퓨터로 실제처럼 비행을 하게 해 주는 기계예요. 조종사들은 이런 비행 시뮬레이터를 이용해서 훈련 비행을 하지요. 항공박물관 안에도 비행 시뮬레이터가 있답니다. 여러분도 조종해 보고 싶다고요? 그렇다면 도전해 보세요.

자, 그럼 박물관에 있는 비행 시뮬레이터의 조종석에 앉기 전에 사용 방법에 대해 배워 볼까요? 먼저 비행 시뮬레이터 안으로 들어가 보세요. 그러면 조종석, 큰 화면, 조종간, 러더 페달이 보일 거예요. 무엇이 어디 있는지 확인을 했으면 조종석에 앉아도 좋아요.

시뮬레이터
컴퓨터를 사용하여 실제 비행 장면과 같이 나타내는 장치예요. 비행기의 조종이나 원자로 운전 같은 훈련이나 시험 연구에 사용해요.

비행 시뮬레이터

조종간

러더 페달

비행 시뮬레이터 조종하는 방법(기초기동)

1. 활주로 중앙에서 조종간을 잡고, 이륙하기 위해 스로틀을 위로 민다.
2. 발밑에 있는 러더 페달을 이용하여 활주로 가운데로 나아간다.
3. 표시된 속도가 60노트*가 넘으면 조종간을 뒤로 당겨 이륙한다.
4. 조종간을 왼쪽이나 오른쪽으로 기울여서 방향을 바꾼다.
5. 조종간을 당기거나 밀어서 위쪽, 또는 아래쪽으로 비행을 한다.

*노트 : 1노트는 1시간에 1,852킬로미터를 달리는 속도예요.

조종석에 앉았으면 이제 화면에 있는 'FLY NOW(플라이 나우)'를 클릭해 주세요. 화면에 비행기가 이륙할 장소인 김포 공항의 활주로가 나타날 거예요. 이제 비행기를 조종할 준비가 다 된 거예요. 러더 페달에 발을 올려놓고, 조종간을 잡으면 되지요. 참, 조종간을 뒤로 당기면 비행기가 올라가고, 조종간을 앞으로 밀면 비행기가 하강한다는 것은 기억하고 있겠지요? 그리고 조종간을 왼쪽으로 기울이면 왼쪽으로, 오른쪽으로 기울이면 오른쪽으로 방향을 튼다는 것도요? 그렇다면 이제 비행기를 조종해도 좋아요.

비행 시뮬레이터 안에는 여객기에서부터 전투기까지 아주 많은 비행기가 있어요. 실제인 것처럼 비행을 체험해 볼 수 있답니다.

활주로
비행장에서 비행기가 뜨거나 내릴 때에 달리는 길을 말해요.

공군 조종사 복장

비행 헬멧 : 조종사의 머리를 보호해요. 산소 마스크와 통신용 마이크가 달려 있어요. 선글라스인 바이저는 유해광선으로부터 조종사의 눈을 보호해요.

조종복 : 위아래가 붙어 있는 형태예요. '노맥스'라는 플라스틱 섬유로 만들어져, 자외선과 방사선 차단 능력이 뛰어나고 열에 강해요.

G-suit : 항공기가 갑자기 위로 상승해 높은 중력을 받으면 조종사는 피가 아래로 쏠려 뇌에 산소 공급이 잘 안 되는 상태가 돼요. 이때 기체와 연결되는 G-suit가 공기압으로 부풀어, 조종사의 배와 허벅지 등을 눌러서 피가 아래로 쏠리는 것을 막아 주지요.

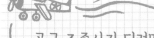

공군 조종사가 되려면?

우리나라에서 공군 조종사가 되는 길은 여러 가지가 있어요. 첫 번째는 공군사관학교에 입학해서 공부하는 거예요. 두 번째는 한국항공대학교와 한서대학교 운항학과에 다니면서 학군단에 지원하고, 졸업한 뒤 공군 조종사에 지원하는 길이에요. 세 번째는 일반 대학교에 다니는 중에 조종 장학생에 선발되어 대학 졸업 뒤에 사관후보생 훈련을 받는 길이에요. 네 번째는 일반 사관후보생 중 신체검사와 비행 적성 등의 절차를 통과해 비행 교육에 뽑히는 길이에요. 그런데 조종사가 되는 길은 정말 험난하고 길어요. 신체적인 조건과 적성이 잘 맞지 않으면 정말 힘들지요. 공부도 열심히 하고 체력도 열심히 기르지 않으면 조종사가 되기 어렵답니다.

체력도 길러야 한다니까!

여러 가지 비행기

비행기는 그 쓰임새나 특징에 따라 전투기, 폭격기, 수송기, 여객기, 헬리콥터 등 여러 종류로 나눌 수 있어요. 자, 어떤 특징이 있는지 자세히 살펴볼까요?

비행기 모형 전시관

수송
기차나 자동차, 배, 항공기로 사람이나 물건을 실어 옮기는 것을 말해요.

전투기(F-15 모형)
적을 공격하기 위해 만든 비행기예요. 속도가 빠르며 미사일이나 기관포로 무장하고 있지요. 유명한 전투기로는 F-15, F-16, F-18 등이 있어요.

폭격기(B-1 랜서 모형)
전쟁터에 폭탄을 떨어뜨리는 비행기예요. 비행기 안이나 밖에 폭탄이나 정밀 유도 미사일을 싣고 날아가 목표한 장소에 정확히 떨어뜨리지요.

수송기(A300-600 슈퍼트랜스포터 모형)
짐을 싣고 날아가는 비행기예요. 군대에서 병력과 물자, 무기를 수송하는 역할을 해요. 민간 항공에서도 수입품과 수출품을 실어 나르는 비행기는 수송기라고 해요.

헬리콥터(UH-60 블랙호크 모형)
제자리 비행을 할 수 있고 비행기처럼 긴 활주로가 필요 없어요. 자동차나 비행기가 들어가지 못하는 험난한 산악 지대에서 사람을 구조하는 일을 할 수 있지요.

전시관에 없는 비행기도 있네!

여객기(A380 모형)
사람이나 짐을 싣고 날아다니는 비행기예요. 에어버스 3800이나 보잉 747처럼 사람을 많이 싣고 장거리를 나는 것도 있고 보잉 737처럼 사람을 적게 싣고 단거리를 나는 것도 있어요.

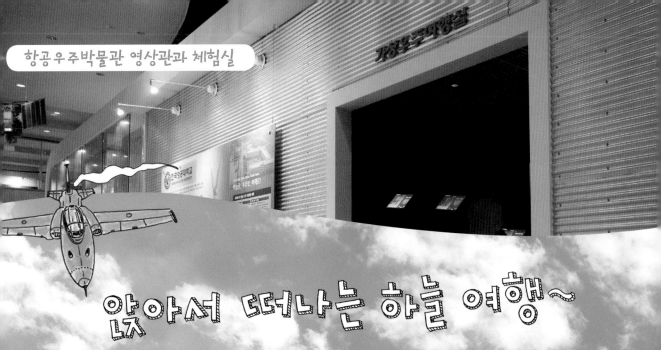

앉아서 떠나는 하늘 여행~

비행기들을 보고 나니, 더 많은 것이 알고 싶지 않나요? 아마 실제로 비행기도 보고 싶고, 우주 탐험도 해 보고 싶은데 그럴 수 없어서 아쉬울 거예요.

한국항공대학교 항공우주박물관의 멀티미디어 영상관이나 가상체험실에 가면 이런 아쉬움을 달랠 수 있어요. 멀티미디어 영상관에서는 영상을 통해 비행기와 우주에 대해 생생한 정보를 얻을 수 있고, 가상체험실에서는 대형 3차원 영상을 통해 가상 체험을 할 수 있지요. 3차원 안경을 쓰고 키오스크를 만지면 항공기 비행도, 화성 탐험도, 꼭 실제인 것처럼 해 볼 수 있지요.

생생한 정보를 영상으로!

멀티미디어
컴퓨터를 이용하여 영상, 음성, 문자 같은 다양한 정보 매체를 복합적으로 만든 장치나 소프트웨어를 가리키는 말이에요.

전시장 안에 있는 멀티미티어 영상관은 30명 정도가 앉아서 영상을 볼 수 있는 작은 극장이에요. Ⅰ관과 Ⅱ관이 있어요. 여객기의 내부 모습을 상상할 수 있도록 꾸며 놓았어요. 항공기에 대한 주제와 우주에 대한 주제가 담긴 영

멀티미디어 영상관

상물을 상영하는데, 상영 시간은 20분 정도예요. 영상을 통해서 체험할 수 있는 내용들이 무엇인지 살펴볼까요?

'비행기에서 배우는 A부터 Z'까지는 A부터 Z까지 비행기와 관련된 영어 단어를 보여 주는 영상이에요. 비행기와 관련된 이름노 배우고, 잉어도 알 수 있지요.

'비행기의 모든 것'은 비행기가 나는 원리와 조종 방법을 알려 주는 영상이에요. 공항 시설들과 항공모함의 모습도 보여 주지요.

J로 시작하는 비행기 관련 단어

'우주선의 모든 것'은 케네디 우주 센터에 가서 우주선에 대하여 체험을 하는 영상이에요. 우주 센터의 로켓들을 볼 수 있고, 우주 체험 센터에 들어가서 우주 비행사가 훈련하는 훈련 장치도 보고 우주 왕복선이 출발하는 과정도 볼 수 있어요.

항공모함
항공기를 싣고 다니면서 뜨고 내리게 할 수 있는 설비를 갖춘 큰 군함을 말해요.

'헬리콥터의 모든 것'은 헬리콥터가 어떻게 공중에서 제자리에 떠 있을 수 있는지 그 원리를 소개하는 영상이에요. 헬리콥터를 타고 사람을 구조하는 모습을 볼 수가 있어요.

우주 왕복선 발사

'항공 우주 발달사'는 사람이 하늘을 날기 위해 도전했던 역사를 소개하는 영상이에요. 레오나르도 다빈치의 여러 스케치들과 열기구의 모습, 동력 비행기를 발명한 라이트 형제의 모습 등을 볼 수 있어요. 그리고 오늘날의 비행기도 볼 수 있지요.

라이트 형제

'항공 과학 기술과 여러 종류의 항공기'는 항공 우주에 관련된 과학 및 기술이 어떻게 발전해 왔는지 소개하고, 열기구나 비행선 같은 항공기들의 구조와 특징을 소개하는 영상이에요.

열기구의 구조

'항공 과 항공기의 구조'는 항공기의 구조를 보여 주고, 날개에서 생기는 양력에 대해서 설명해 주는 영상이에요. 새의 비행 원리, 골프공의 구멍의 원리, 비행에 대해서 배울 수 있어요.

'우주과학'은 우주란 무엇인지 알려 주고, 사람들이 우주를 탐사하기 위해 만든 여러 가지 장비들을 보여 주는 영상이에요. 인공위성의 종류와 임무, 그리고 어떻게 이용하는지에 대해서 보고 우주 왕복선과 우주 정거장 건설에 대해서도 볼 수가 있어요.

역학
항공기가 움직일 때 공기와 항공기 사이에 작용하는 힘과 작용의 원리 등을 연구하는 학문이에요.

초음속
소리보다 빠른 속도를 말해요.

짜잔, 항공과 우주에 대한 모든 정보가 여기 있답니다.

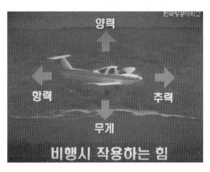

비행 시 작용하는 힘

인공위성

3차원 안경을 쓰고 떠나자!

가상비행체험실

박물관에는 가상체험실이 두 곳 있어요. 한 곳은 비행에 관련된 가상체험실이고, 다른 한 곳은 우주에 관련된 가상체험실이에요. 가상체험실 안에는 커다란 화면, 화면에 비치는 물체를 조종하는 키오스크, 3차원 안경이 있어 가상 현실을 체험할 수 있게 해 주어요. 어떤 체험을 할 수 있는지 궁금하지요? 그럼, 함께 가 볼까요?

가상비행체험실

가상비행체험실에서는 여러 종류의 비행기를 조종해 보는 과정과 T-50(골든이글) 훈련기를 분해하고 조립하는 과정을 체험할 수 있어요. 비행 체험 영상에는 여러 가지 비행기가 등장하는데, 3차원 안경을 쓰고 키오스크를 누르면서 비행기를 움직이면 선택한 비행기가 화면 속에서 이륙하기도 하고 방향을 바꾸기도 하여 실제로 조종하는 듯한 체험을 할 수 있어요. 그리고 T-50의 분해와 조립 과정에서는

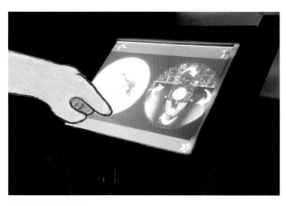
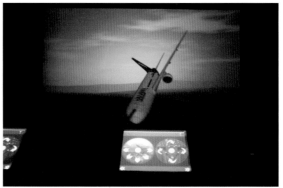

비행기 비행 영상
키오스크를 이용해서 화면에 나타난 비행기를 조종할 수 있어요. 비행기 그림에서 8가지 방향 가운데 하나를 선택하면 비행기가 그 방향으로 움직이지요. 수호이-27, 미라주Ⅲ, F-15, 해리어, KF-16 등 다양한 비행기들이 키오스크를 조종하는 것에 맞춰서 비행한답니다.

비행기가 각각의 부분으로 분해되었다가 다시 조립되는 과정을 볼 수 있어요. 3차원 안경을 쓰고 보면 실제로 분해와 조립에 참여하는 것 같은 느낌을 가질 수 있어요.

가상우주체험실

가상우주체험실에서는 화성 탐사를 떠나는 가상 체험을 할 수도 있고, 우주의 여러 행성들을 돌아볼 수도 있어요.

화성 탐사에서는 화성을 탐사하기 위해 보낸 로봇 스피릿이 지구를 출발해 화성에 내려가는 모습과 착륙한 뒤에 벌이는 활동들을 볼 수 있어요. 3차원 안경을 쓰고 보면 화성 탐사 로봇을 조종하는 느낌이 들기도 하고 화성 표면을 가까이서 보는 느낌이 들기도 하지요.

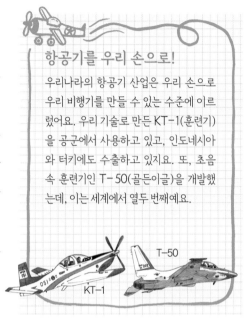

항공기를 우리 손으로!

우리나라의 항공기 산업은 우리 손으로 우리 비행기를 만들 수 있는 수준에 이르렀어요. 우리 기술로 만든 KT-1(훈련기)을 공군에서 사용하고 있고, 인도네시아와 터키에도 수출하고 있지요. 또, 초음속 훈련기인 T-50(골든이글)을 개발했는데, 이는 세계에서 열두 번째예요.

T-50
KT-1

화성 탐사 영상
화성 탐사 영상의 키오스크를 보면 왼쪽에 로봇에 대한 설명이 나오고 오른쪽 밑에 시작이라고 적혀 있는 메뉴를 볼 수 있어요. 시작을 누르면 입체 영상이 시작돼요. 지구를 출발해 우주로 나가 화성으로 가면서 운석 지대를 통과하는 과정과 화성 착륙 후에 로봇이 화성을 탐사하는 과정이 실감나게 펼쳐지지요.

또 가상우주체험실에서는 태양계에 있는 행성들을 여행할 수 있고 우주 정거장이나 우주 왕복선 등도 볼 수 있어요. 3차원 안경을 이용하면 태양계 행성들을 실제로 보는 것처럼 눈앞에서 관찰하면서 행성에 대해 배울 수 있고 우주 비행체들에 대해서도 알 수 있지요.

참, 혹시 태양계에 어떤 행성들이 있는지 궁금한가요? 태양계에 속해 있는 행성은 수성, 금성, 지구, 화성, 목성, 토성, 천왕성, 해왕성이에요. 모두 태양의 주위를 돌고 있지요. 행성들을 연구하면 우리 지구에 대해서도 더 잘 알 수 있다고 해요. 아마 앞으로 태양계 행성에 대한 연구와 탐사는 더 많이 이루어질 거예요.

명왕성은 왜 퇴출되었을까?

얼마 전까지 태양계 끝에는 명왕성이란 행성이 있었어요. 그런데 2006년 8월24일 체코 프라하에서 열린 국제천문연맹(IAU) 총회에서 행성의 기준을 새로 정하면서 명왕성을 태양계 행성에서 제외시켰어요. 국제천문연맹 기준에 따르면, 행성은 자기 궤도 주변을 도는 천체들을 지배할 정도로 힘이 센 천체여야 하는데(주변의 천체들이 태양 주위를 돌지 않아야 함) 명왕성은 그 기준을 만족시키지 못했기 때문이에요. 국제천문연맹에서는 명왕성을 왜소행성으로 규정했어요.

태양계의 행성

태양계에는 8개의 행성이 있어요. 수성은 태양에서 가장 가까운 행성이고 금성은 '샛별'이라고 불리는 행성으로, 지구와 많이 닮았어요. 지구는 태양계에서 유일하게 생명체가 존재하는 행성이에요. 화성은 지구 궤도의 바로 바깥쪽 궤도를 돌며, 아주 적은 양이지만 산소가 있어요. 목성은 태양계에서 가장 큰 행성이고, 토성은 목성 다음으로 크지요. 토성 바깥쪽으로는 천왕성과 해왕성이 있어요.

태양 수성 금성 지구 화성 목성 토성 천왕성 해왕성

우주를 향한 인류의 꿈과 도전

옛날부터 인류는 밤하늘의 별을 보면서 우주에 대한 꿈을 꾸었어요. 우주를 여행한다는 건 정말 꿈만 같은 일이었지요. 하지만 인류는 마침내 우주 시대를 열었지요.

사람들은 우주로 가기 위해 여러 가지 방법을 연구하고 도전했어요. 작가 쥘 베른이 《지구에서 달까지》라는 책에서 대포를 쏘아 지구에서 달까지 가는 방법을 이야기한 뒤 수많은 과학자가 우주로 가는 방법에 대해 연구했지요. 그리고 마침내 베르너 폰 브라운과 세르게이 코롤료프는 실제로 로켓을 개발하여 인류가 우주로 가는 문을 열었지요. 자, 함께 그 발자취를 살펴볼까요?

안녕! 지금부터 박물관 2층을 안내할게. 어서 따라 와.

로켓을 쏘아 올리다

연소
물질이 산소와 만나서 새로운 성질을 가진 물질로 변하면서 많은 빛과 열을 내는 현상을 말해요.

노즐
증기 터빈, 디젤 기관 등에 쓰는 장치로, 액체나 기체를 내뿜는 대롱 모양의 작은 구멍이에요.

추력
물체를 운동 방향으로 미는 힘을 말해요.

소유즈 로켓
유인 우주선을 발사할 때 사용하는 소유즈 로켓이에요.

우주선이 우주로 날아가려면 특별한 엔진이 필요해요. 보통 엔진을 태울 때는 공기가 필요한데, 우주에는 공기가 없거든요. 그래서 개발된 것이 로켓이지요. 로켓은 공기가 없는 우주에서 사용할 수 있으면서 지구의 중력을 뿌리치고 우주로 나갈 만큼 강력한 힘을 낼 수 있는 특별한 엔진이에요.

로켓은 어떻게 날아가는 걸까?

로켓은, 연료와 산소의 연소 작용으로 생긴 가스가 로켓의 노즐 밖으로 밀려나갈 때, 비행하는 데 필요한 힘을 얻어요. 마치 바람이 가득 든 풍선의 꼭지를 풀어 놓았을 때 풍선이 앞으로 날아가는 것과 같지요. 로켓이 앞으로 움직이는 것은 로켓 뒤쪽으로 연소된 가스가 빠른 속도로 빠져 나오기 때문이지요. 로켓은 연료를 태우는 데 필요한 산소를 싣고 있기 때문에 공기가 없는 우주에서도 사용할 수 있어요.

바람이 가득 든 풍선의 꼭지를 풀어놓으면 풍선이 앞으로 날아가지요.

로켓의 종류

로켓의 종류는 사용하는 연료의 종류에 따라 나눌 수 있는데 종류에 따라 구조도 조금씩 달라요. 고체 연료 추진 로켓은 만들기 쉽지만 발사되면 추력을 조절하기 힘들고, 액체 연료 추진 로켓은 만들기 힘들고 보관하기 힘들지만 로켓을 발사한 뒤 추력을 조절하기 쉬워요. 하이브리드 로켓은 두 로켓의 장점을 결합한 로켓이지요.

신기전
옛날에 화약을 장치하거나 불을 달아 쏘던 화살을 말해요. 보통 신호용으로 사용했어요.

우리나라의 로켓

우리나라에서 로켓을 만들기 시작한 것은 언제일까요? 로켓의 원리를 이용한 신기전부터 따지면 사실 꽤 오래되었어요. 1377년 최무선이 만든 신기전인 '주화'까지 거슬러 올라갈 수 있지요. 꽤 오래되었지요?

하지만 오늘날과 같은 의미의 로켓을 만든 것은 그리 오래되지 않았어요. 로켓을 만들어 발사에 성공하기 시작한 것은 1993년부터이지요.

1993년 6월에는 고체 연료 로켓인 KSR-1을 발사하여 성공했고, 1997년에는 중형 2단 로켓인 KSR-2를 발사했어요. 그리고 드디어 2002년에는 우리나라 최초의 액체 연료 추진 로켓인 KSR-3을 발사하는 데 성공했어요. KSR-3은 한국항공우주연구원의 과학자들이 독자적으로 설계하고 3,000여 개 이상의 부품도 국내에서 만든 로켓이기에 의미가 깊어요. 앞으로 개발할 KSLV-1의 기초가 되는 로켓이지요.

우리나라 최초의 로켓 '주화'
대나무로 만든 화살대 윗부분의 약통에 화약을 채워 밑에 뚫린 구멍으로 연소된 가스를 분출시켜 날아가게 만든 무기였어요.

KSR-2
한반도 상공의 관측을 위해 만들어진 로켓이에요. 1997년 발사되어 한반도 상공의 오존층 농도를 측정했어요.

여기서
잠깐!

누가 만들었을까?
우리나라 최초의 로켓인 '주화'를 만든 사람의 이름을 써 보세요.

(   )

정답은 56쪽에

로켓을 만든 과학자들

로켓을 개발하던 당시에는 우주로 가는 로켓을 만든다고 하면 사람들은 허무맹랑한 생각이라며 비웃었어요. 하지만 이에 굴하지 않고 우주로 가는 꿈을 이루기 위해 로켓을 만든 과학자들이 있었지요. 이들이 있었기에 인류는 우주로 나갈 수 있었어요.

로버트 허칭스 고다드(1882~1945)

세계 최초로 액체 연료 추진 로켓을 개발한 사람으로 알려진 미국의 과학자예요. 1927년 액체 연료 추진 로켓을 발사해 52미터나 비행했지요. 하지만 살아 있을 때는 인정을 받지 못하고 그가 죽은 뒤에야 성과를 인정받았어요.

세르게이 파블로비치 코롤료프(1907~1966)

어릴 적부터 로켓에 관심이 많았던 러시아의 과학자예요. 세계 최초의 인공위성인 스푸트니크 1호를 발사해 성공했고, 1961년에는 보스토크 1호에 유리 가가린을 탑승시켜 세계 최초로 유인 우주 비행에 성공했어요.

베르너 폰 브라운(1912~1977)

독일 육군의 지원을 받아 V-2라는 로켓을 만든 독일의 과학자예요. 하지만 제2차 세계 대전 뒤에는 미국으로 망명했어요. 브라운은 달에 가는 새턴 로켓을 만들어 달 탐사 유인 우주선인 아폴로 8호의 발사 성공과 아폴로 11호의 달 착륙 성공에 많은 공헌을 하여 미국의 영웅이 되었지요.

V-2 로켓 모형
V-2는 베르너 폰 브라운이 독일 육군을 위해 개발한 로켓이에요. 제2차 세계 대전 중이던 1944년. 독일이 영국 런던으로 발사해 영국에 많은 피해를 입혔어요.

여기서 잠깐!

누가 먼저 만들었을까?

세계 최초로 인공 위성 발사에 성공한 사람을 골라 번호에 ○표 하세요.

① 고다드　　② 브라운　　③ 코롤료프

☞ 정답은 56쪽에

무중력 상태에서 생활한다는 것은?

지구에서는 지구 중심이 물체를 잡아당기는 중력을 느낄 수 있어요. 중력은 지구 위의 물체가 지구 중심으로부터 받는 힘을 말해요. 그런데 우주에 나가면 이런 중력을 느끼지 못하게 되어요. 이런 상태를 무중력 상태라고 해요. 지구가 잡아당기는 힘인 중력과 같은 크기의 다른 힘이 중력의 반대 방향으로 작용하여 중력을 못 느끼는 상태가 되는 거지요.

우주에서 지내려면 이런 무중력 상태에서 생활할 수 있어야 해요. 그래서 우주선 조종사들은 무중력 상태를 견디는 훈련을 해요. 이때 이런 무중력 상태를 실험하기 위해서는 비행기를 타고 높이 올라가 엔진을 끄고 자유 낙하를 해 무중력 상태를 만들거나, 물속에서 중성 부력*을 이용하기도 해요.

무중력 상태가 계속되면 혈압이 낮아져 혈액순환장애가 일어나거나 뼛속의 칼슘 성분이 점점 빠져나가 뼈가 약해지는 등 많은 문제점이 생겨요. 그렇기 때문에 우주 공간에서는 지속적인 운동이 필요해요. 따라서 오랫동안 우주에서 지내기 위해 인공적으로 중력을 만들어 내는 법을 연구하고 있답니다.

무중력 상태를
견디기 위한 훈련 모습

날아다닐 수 있다니 꿈만 같아.

무중력 상태
무중력 상태에서는 물체가 공
중에 떠 있어요.

*중성 부력 : 물속에서 가라앉지도 뜨지도 않는 중간 상태의 부력을 말해요.

지구, 위성들을 거느리다

위성
행성의 인력에 의하여 그 행성의 둘레를 도는 천체를 말해요.

혹시 위성이라는 말을 들어 본 적 있나요? 지구는 태양 주위를 도는 위성이에요. 지구의 위성은 없냐고요? 있어요. 밤마다 조금씩 다른 모습으로 떠오르는 달이 바로 지구의 위성이에요. 하지만 지구가 거느리고 있는 위성은 달뿐만이 아니에요. 어떤 목적을 위해 지구 주위를 돌도록 지구에서 쏘아 올린 위성들도 있답니다. 이런 위성을 인공위성이라고 하지요.

인공위성의 종류

인공위성은 목적에 따라 통신 위성, 방송 위성, 기상 위성, 과학 위성, 지구 관측 위성, 기술 개발 위성, 군사 위성, 다목적 위성 등으로 분류되어요.

궤도
행성, 혜성, 인공위성 따위가 중력의 영향을 받아 다른 천체의 둘레를 돌면서 그리는 곡선의 길을 말해요.

또 인공위성은 궤도에 따라서도 여러 가지로 나눌 수 있어요. 궤도에 따라 나누면 정지 궤도 위성, 극궤도 위성, 저궤도 위성, 중궤도 위성이 있지요. 정지 궤도 위성은 지구의 자전 주기와 같은 속도로 움직여 정지해 있는 것처럼 보이는 위성으로 통신, 기상관측, 방송용

인공위성의 역할
인공위성의 역할은 점점 넓어지고 다양해지고 있어요. 다른 나라에서 하는 운동 경기를 TV로 볼 수 있도록 중계하는 역할도 하고, 천체망원경을 장착해 우주를 더욱 정확히 관찰할 수 있도록 해 주어요. 그리고 지구를 둘러싼 구름 모양이나 위치를 찍어 일기를 예보할 수 있도록 도와주며 배나 비행기의 위치를 알려 주어 길을 잃지 않도록 해 주지요.

으로 많이 쓰여요.
극궤도 위성은 지구
의 남극과 북극을
통과하는 궤도를
도는 위성으로
지구 표면을 관측
하는 데 쓰여요. 또 높이 500~1,500
킬로미터 사이에 위치한 인공위성을 저궤도 인공위성
이라 부르고, 높이 1,500~2만 킬로미터 사이에 있는 인공
위성을 중궤도 인공위성이라고 불러요. 주로 군사용 첩보
위성이나 통신, 케이블 방송용으로 많이 쓰이지요.

우리나라의 인공위성

지구 주위를 돌고 있는 위성 가운데에는 우리나라에서 쏘아 올린
인공위성도 있어요. 우리나라는 1992년 8월 11일 우리별 1호 발사를
시작으로 과학 기술 위성, 무궁화 위성, 아리랑 위성, 나로과학위성
등 꽤 많은 인공위성을 쏘아 올렸답니다.

아리랑 위성 모형
아리랑 위성은 다목적 실용
위성이에요. 정밀 지도 제작
과 재해 예방, 국토 관리 등
을 위해 개발된 인공위성이
지요. 한국항공우주연구원에
서 1999년 12월에 아리랑 1호
를 발사했고, 2006년 7월에
고해상도 카메라를 장착한
아리랑 2호를 발사했어요.

이것이 빛을
전기로 변화시켜
인공위성에 에너지를
공급하는 태양
전지판이구나.

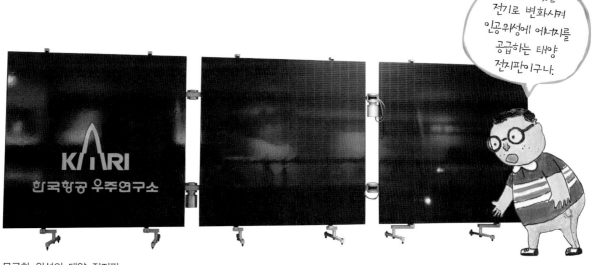

무궁화 위성의 태양 전지판
무궁화 위성은 방송 통신용 인공위성으로 유명해요. 국내의 방송 통신 수요가 늘어나면서 개발되었어요. 1995년 8월 우리나라 최
초의 상업용 방송 통신 위성인 무궁화 1호가 발사되었고, 1996년 1월 무궁화 2호, 1999년 9월 무궁화 3호가 발사되었어요. 2006년
8월에는 상업 및 군사용 통신 위성인 무궁화 5호가 발사되었어요.

우주를 향해 날아요!

로켓이 발명되고 나서 사람들은 인공위성을 비롯한 우주 비행 물체들을 개발했어요. 그런데 인공위성을 위한 발사체는 한번 발사하면 다시 사용할 수 없었고, 지구로 돌아올 수도 없었어요. 과학자들은 이러한 문제를 해결하기 위해 발사체를 다시 사용할 수 있는 우주선을 만들기 위해 노력했어요. 그 결과 우주 왕복선이 태어났지요.

소유즈 우주선 모형
소유즈는 러시아의 우주선이에요. 발사된 뒤 다시 돌아올 수는 있지만 발사체는 다시 만들어야 해요.

우주 왕복선은 어떻게 구성되나?

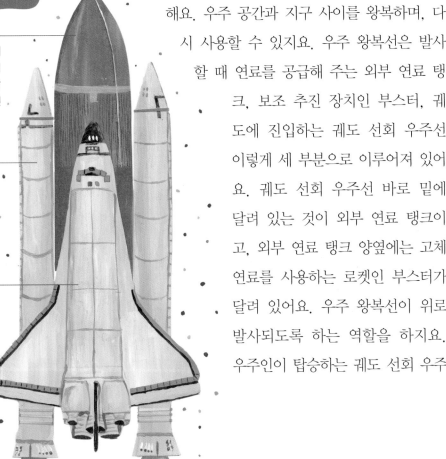

우주 왕복선의 구조

외부 연료 탱크
액체 연료가 채워져 있어요. 궤도 선회 우주선에 달린 엔진에서 사용할 연료를 공급해요. 발사된 뒤에는 궤도 선회 우주선에서 떨어져 나가요.

부스터
우주선의 보조 추진 장치를 말해요. 발사된 뒤 2분이 지나면 우주 왕복선에서 분리되어 낙하산을 펼친 채 떨어져 나가요.

궤도 선회 우주선
날개가 달려 있어요. 우주인이 타는 곳이에요.

우주 왕복선은 흔히 스페이스 셔틀이라고도 해요. 우주 공간과 지구 사이를 왕복하며, 다시 사용할 수 있지요. 우주 왕복선은 발사할 때 연료를 공급해 주는 외부 연료 탱크, 보조 추진 장치인 부스터, 궤도에 진입하는 궤도 선회 우주선 이렇게 세 부분으로 이루어져 있어요. 궤도 선회 우주선 바로 밑에 달려 있는 것이 외부 연료 탱크이고, 외부 연료 탱크 양옆에는 고체 연료를 사용하는 로켓인 부스터가 달려 있어요. 우주 왕복선이 위로 발사되도록 하는 역할을 하지요. 우주인이 탑승하는 궤도 선회 우주선은 여객기와 비슷한 모양인데, 로켓을 사용하여 위성 궤도까지 올라가요. 임무를 마치고 지구로 돌아올 때에는 삼각형 날개를 이용하여 활공 비행하면서 지상으로 내려오지요. 우주 왕복선은 100회 정도 다시 사용할 수 있다고 해요.

여러 나라의 우주 왕복선

미국에서는 1981년 컬럼비아를 시작으로 여러 차례 우주 왕복선을 제작하여 비행에 성공했어요. 1983년 챌린저, 1984년 디스커버리, 1985년 아틀란티스 등이 비행에 성공했지요.

러시아에서도 재사용이 가능한 우주 왕복선 '부란'을 개발했어요. 부란은 러시아 말로 '눈보라'라는 뜻이에요. 1988년 발사를 해서 지구를 두 바퀴 도는 데 성공했지만 1990년대 경제난 때문에 우주 왕복선 개발이 취소되었어요.

현재 러시아는 소유즈를 통해 우주인을 우주로 실어 나르고 있어요. 이 소유즈는 만들어진 지 40년이 넘었지만 아직도 사용하고 있을 만큼 잘 만들어진 우주선이에요. 2001년에는 우주 관광객을 태우고 국제 우주 정거장에도 갔지요. 2008년 4월 8일에는 우리나라의 우주인 이소연이 탑승한 소유즈 TMA-12호가 발사되었어요.

디스커버리 모형
디스커버리는 1984년 발사된 미국의 우주 왕복선이에요.

컬럼비아

부란

여기서
잠깐!

우주선에 대해서 알아보아요
다음 중 우주 왕복선이 아닌 것을 찾아 번호에 ○표 하세요.

① 컬럼비아 　　② F-16
③ 부란 　　④ 디스커버리

☞ 정답은 56쪽에

우주에 정거장을 만들자

인류는 1969년 달을 탐사했고 지금은 달을 넘어 화성과 같은 행성을 탐사하려고 해요. 그런데 태양계에 있는 행성들을 탐사하기 위해서는 달에 가는 것보다 우주에서 더 오래 머물러야 하고 물자도 많이 필요하기 때문에 우주로 나가기 위한 전초 기지가 필요해요. 그것이 바로 우주 정거장이지요.

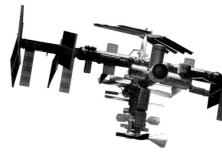

국제 우주 정거장 모형
현재 건설하고 있는 '국제 우주 정거장'은 길이가 108미터, 무게가 450톤이나 나가요. 이 우주 정거장을 완성하려면 미국의 우주 왕복선과 러시아의 로켓을 통해 45회 이상 부품을 날라야 한다고 해요.

★ **전초**
군대가 머물 때 가장 앞쪽에 배치하는 초소나 그 병사를 가리키는 말이에요.

우주 정거장의 역사

우주 정거장은 1971년 러시아에서 발사한 '살류트'에서 시작되었어요. 살류트는 소유즈 10호와 도킹하여 우주 정거장을 이루었지요. 총 22명의 우주인이 다녀갔고 각종 실험과 관찰을 하여 사람이 긴 시간 동안 우주에 머물 수 있다는 것을 보여 주었어요.

★ **도킹**
우주선이 우주 공간에서 다른 비행 물체에 접근하여 결합하는 일을 말해요.

미국에서는 1973년 '스카이 랩'이라는 우주 정거장을 만들었어요. 스카이 랩에서는 무중력 상태에서 인간이 활동하면서 일어나는 여러 가지 현상에 대한 실험을 했고 지구와 우주를 관측하는 일을 했어요.

그 다음 만들어진 우주 정거장은 1986년 러시아에서 만든 미르예요. 미르는 지구 궤도에서 15년이나 머물렀고, 그 동안 125명의 우주인이 다녀갔어요.

우주정거장
우주 정거장은 사람이 오랜 시간 동안 우주에 머물기 위해 만들어진 구조물이에요. 그 안에서 책도 보고, 쉬기도 하고, 밥도 먹고, 여러 가지 실험도 하지요.

> 내가 좀 도와줄까?

> 아, 실험 자료를 꺼내야 하는데……

우주 과학 및 우주 체류의 여러 가지 기록을 남긴 미르 우주 정거장은 2001년에 최후를 맞이했어요.

함께 건설하는 국제 우주 정거장

2001년 미르 우주 정거장이 사라진 뒤 현재 궤도를 돌고 있는 우주 정거장은 '국제 우주 정거장'이에요. 미국과 러시아, 브라질, 일본 등 16개국이 힘을 모아서 건설하고 있지요. 앞으로 이 국제 우주 정거장에서는 무중력 상태를 이용한 다양한 실험과 우주 관측이 이루어질 것이고 지구와 관련된 연구도 이루어질 거예요. 또, 순도가 높은 의약품 제조, 신소재 개발 실험, 각종 전파 분석 등 다양한 실험이 행해질 거예요. 그뿐만 아니라 우주 탐사선들의 전초 기지와 보급 기지, 우주선 조립 공장의 역할도 하게 될 것으로 예상하고 있지요.

자르야-유니티 모듈
1998년 11월 우주 정거장의 전력과 추진을 맡은 러시아의 자르야 모듈이 발사되었어요. 같은 해 12월 우주 정거장의 주거 공간과 작업장의 연결 통로인 미국의 유니티가 자르야와 결합했지요. '국제 우주 정거장'은 여기서부터 시작되었어요.

국제 우주 정거장 건설
국제 우주 정거장은 지금도 계속 건설 중이에요. 우주인들은 현재 건설되어 있는 시설을 유지, 관리하기도 하고 새로 건설하는 일을 하기도 해요.

우주선에서는 어떻게 살까?

우주에서 산다면 어떨까요? 정말 꿈만 같은 일이겠지요. 하지만 우주에서 산다는 건 때론 불편하기도 하고 힘든 일이기도 하지요. 우주의 환경은 지구의 환경과 여러 면에서 다르기 때문이에요. 그럼 우주인이 어떻게 우주에서 살아가는지 볼까요?

 우주인
우주 비행을 위하여 특수 훈련을 받은 비행사를 말해요.

무엇을 입을까?

우주에서는 특별한 옷을 입을 것 같지요? 하지만 우주 정거장 안에서 입는 옷은 셔츠와 반바지 등 지구에서 입는 옷과 별로 다르지 않아요. 그런데 우주에서는 빨래를 할 수가 없기 때문에 겉옷과 속옷을 많이 준비해야 해요. 세탁물은 비닐 팩에 보관했다가 지구로 돌아와서 세탁을 하지요. 물론 우주선을 발사할 때와 우주선 바깥에서 떠다닐 때, 그리고 지구로 돌아올 때에는 지구와 다른 환경에 견딜 수 있도록 특별하게 만든 우주복을 입지요.

헬멧
생명 유지 장치
장갑

선외 우주복
우주선 바깥에서 활동할 때 입는 우주복이에요. 우주 비행사를 보호하기 위해 13겹의 층으로 되어 있어요. 무게가 약 127킬로그램 이고, 가격은 무려 13억 원 정도라고 해요.

우주복
우주선이 이륙하거나 착륙할 때 입는 우주복이에요. 급격한 중력 변화가 생기면 공기 주머니가 팽창하여 충격을 줄여 주어요.

무엇을 먹을까?

무중력 상태에서는 모든 것들이 떠다니기 때문에 모든 음식은 진공 팩 형태로 포장되며 무게를 줄이기 위해 대부분 건조식품 형태로 만

들어요. 완전히 건조된 음식의 경우, 먹을 때는 뜨거운 물을 부어서
원래 형태로 만들어 먹고 빵처럼 부스러기가 일어나는 음식의 경우는
자르지 않아도 먹을 수 있을 만큼의 크기로 만들어요. 음료수는 액체
방울이 떠다니지 않도록 빨대로 빨아 먹지요.

어떻게 자고, 어떻게 씻을까?

잠을 자고 있는데 몸이 둥둥 떠다니면 안 되겠지요? 그래서 잘 때
는 우주선 벽에 붙어 있는 침낭에 들어가서 벨트로 몸을 고정시키고
자요. 자고 일어난 뒤에는 몸에 비누나 샴푸를 묻힌 다음 물총 같은
걸로 씻은 다음 수건으로 닦아요. 물방울이 떠다니니까 샤워는 할 수
없지요. 우주에서는 화장실도 지구와 달라요. 소변은 호
스를 연결해서 해결하고, 대변 같은 경우에는 변기
에 앉아 해결하는데 이때는 몸이 날아가지 않도
록 자리에 붙들어 맨답니다.

먹을 것은 꼭
잡고 있어야지!

우주선에서 자는 모습
우주는 무중력 상태이기 때문에 그냥 자면 떠다니다가 어딘가
에 부딪힐 수밖에 없고 먹을 것을 그대로 두면 공중에 떠다니게
되지요. 그래서 무엇이든 잘 고정시켜 두어야 하고, 꼭 붙잡고
있어야 해요.

인류, 드디어 달에 가다

사람은 옛날부터 달에 가고 싶어 했어요. 1969년 7월, 미국의 우주 비행사가 달에 첫발을 내디뎌 드디어 그 꿈을 이루었답니다.

달 탐사를 향한 노력과 경쟁

러시아와 미국은 먼저 달에 가기 위해 경쟁을 벌였어요. 처음에는 러시아가 약간 앞서, 먼저 인공위성 발사에 성공했지요. 하지만 달에 먼저 착륙한 것은 미국이었어요. 미국은 러시아를 따라잡기 위해 1958년 미국 항공우주국(NASA)을 만들었어요. 그 뒤 **머큐리 계획**을 세워 1961년 유인 우주 비행에 성공했고, **제미니 계획**을 세워 지구 상공에서의 궤도 변경과 우주선 밖에서의 활동에 대해 실험했지요. 미국은 달에 갈 준비를 거의 마치게 되었지요. 우주선을 달까지 보낼 만큼 강력한 로켓만 있으면 되었어요. 새턴 V가 바로 그 로켓이었어요.

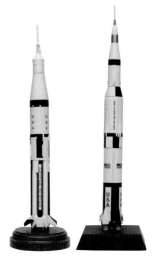

새턴 V 로켓 모형
새턴 V 로켓은 매우 크고 힘이 센 로켓이에요. 이 로켓에 아폴로 달 착륙선, 보조선, 명령선을 실어 달로 보낼 수 있었지요.

달에 간 최초의 우주선

이제 달에 가는 일만 남았어요. 1969년 7월 16일, 아폴로 11호가 미국의 케이프 커내버럴 발사 기지에서 달을 향해 발사되었어요. 그리고 7월 20일, 마침내 달 착륙선이 달에 착륙했지요. 닐 암스트롱은 착륙선 밖으로 걸어 나와 인류 최초

착륙선
우주선 본체에서 떨어져 달에 착륙하는 부분이에요.

명령선
우주선의 조종실이면서 우주 비행사들이 머무는 공간이에요.

보조선(기계선)
연료나 산소 등을 실어 나르는 역할을 해요.

로 달에 발을 내디뎠어요. 닐 암스트롱은 버즈 올드
린과 함께 2시간 13분 정도 달 표면에서 활동한 뒤
지구로 돌아왔어요. 그 뒤 아폴로 17호를 마지막으로
유인 달 탐사를 마칠 때까지 여러 차례에 걸쳐 달 탐
사가 이루어졌지요.

미래의 우주탐사

인류는 이제 태양계에 있는 행성들을 탐
사하려고 노력하고 있어요. 이를 위해 더
욱 안전하고 효율적인 우주 왕복선을 개
발하고 우주에 있는 다른 생명체도 발견
하려고 노력하고 있지요. 앞으로 지구에
닥칠지도 모르는 재앙에 대비하여 지구와
비슷한 환경을 가진 행성을 찾기 위한 노
력은 계속될 거예요.

아폴로 11호 달에 다녀오기까지

아폴로 11호는 인류 최초로 달에 착륙한 우주선이에요.
지구를 출발한 지 195시간 18분 21초 만에 달 탐사를
마치고 지구로 돌아왔어요.

새턴 V 로켓, 불을 뿜
으며 하늘로 출발!

지구를 두 바퀴 돈
뒤 달을 향해 슝!

새턴 V 로켓, 명령선과 보
조선으로부터 분리됐어요.

명령선과 보조선, 달
착륙선과 결합!

우주 공간을 날아가서
달에 접근해요.

달 표면의 돌과
흙을 담았어요.

드디어, 달 표면에
착륙!

달 착륙선, 달 표
면에 착륙 시도!

달 착륙선, 명령선으로
부터 분리되어 달을 향
해 이동해요.

두 우주 비행사, 통로를
이용하여 달 착륙선으로
이동해요.

달 표면에 관측 기기를 설
치했어요.

임무 마치고
착륙선 탑승!

달 착륙선은 분리되어
윗부분만 발사됐어요.

달 착륙선 명령선과 다시 결합
했다가 비행사 이동한 뒤, 불필
요한 달 착륙선은 안녕!

휴, 지구를 향해 출발!

낙하산을 펼치고 바
다로! 드디어 귀환!

명령선 대기권 진입
(표면 온도 섭씨 3000도)

보조선 떼어내고 명령선
은 대기권 진입 준비!

궤도 수정하여 항로
를 바로잡아요.

나도 달에
가 보고
싶다.

한국 최초의 우주인

우주에 가는 것은 꿈 같은 일이지요. 하지만 2008년에 그 꿈이 이미 이루어졌어요. 우리나라 최초의 우주인 이소연이 우주에 다녀오면서 우리나라도 다른 나라들과 어깨를 나란히 하며 우주 과학의 꿈을 펼칠 수 있게 된 것이지요.

한국 최초의 우주인 계획은 2003년 러시아와의 우주 협정을 통해 2006년 우주인 선발 공고를 내면서 본격적으로 시작되었어요. 이 계획의 목적은 우리나라 사람들이 우주 과학 기술에 대해 깊이 이해하도록 하고 유인 우주 기술을 확보하려는 것이었어요.

협정

보통 서로 의논하여 결정하는 일을 가리키는 말이에요. 다른 나라의 정부와 약정을 맺는 것을 가리키기도 하지요.

우주인을 선발한다고 하자 처음에 3만 명이 넘는 사람이 지원을 했어요. 우주에 갈 수 있는 사람은 딱 한 명이었기 때문에 이를 가려내기 위해 수많은 시험을 치르도록 했지요. 결국 이소연과 고산, 이렇게 두 명이 선발되었고 두 사람은 러시아로 가서 훈련을 받았어요. 그리고 마침내 두 사람 가운데 이소연이 우주선을 타고 우주에 다녀왔지요. 한국 최초의 우주인이 된 거예요.

한국 최초의 우주인, 이소연

이소연은 2008년 4월 8일에 러시아의 소유즈 TMA-12를 타고 국제 우주 정거장에 갔어요. 그곳에서 13가지의 기초 과학 실험과 5가지의 교육 실험을 한 뒤 지구로 돌아왔지요.

옥외 전시장 둘러보기

항공박물관 안은 이제 다 둘러보았지요? 그럼 밖으로 나가서 진짜 비행기를 볼까요? 항공박물관 밖에는 F-5B, FA-200, L-16, X-5 등이 전시되어 있는데 모두 실제로 하늘을 날았던 비행기들이랍니다.

F-5B전투기
프리덤 파이터 전투기라고 불리기도 해요. 우리나라 공군에서 사용한 훈련기 겸 전투기로, 우리나라에는 1965년에 도입되었어요. 박물관에 전시된 것은 조종사 2명이 탑승할 수 있는 기종이에요.

X-4, X-5
한국항공대학교 학생들이 직접 설계하고 만든 네 번째와 다섯 번째 실험 비행기예요.

L-16
우리나라 교통부에 가장 먼저 등록된 민간 항공기예요.

FA-200
일본에서 만들었고 한국항공대학교에서 학생들의 비행 교육에 쓰인 비행기예요.

한국항공대학교 항공우주박물관을 **나오며**

　자, 이제 한국항공대학교 항공우주박물관 여행을 마칠 때가 되었어요. 1층 전시장과 2층 전시장도 보았고, 뜰에 나가 전시된 비행기들도 보았지요? 어때요? 재미있었나요?

　둘러보면서 아마 항공 우주 과학에 대해 궁금했던 것이 많이 풀렸을 거예요. 그리고 레오나르도 다빈치의 날개 스케치에서부터 우주 왕복선까지, 하늘을 날고 우주를 여행하기 위해 인류가 얼마나 많은 노력을 했는지 생생하게 보고 들을 수 있었을 거예요. 아마도 비행사가 되겠다고 결심했을지도 모르고, 우주 과학자가 되겠다고 생각했을지도 모르지요.

사실 항공기와 우주에 대한 기술은 지구 상의 모든 기술의 종합체인 만큼 매우 수준이 높은 기술이에요. 불과 100년 사이에 항공 기술은 눈부신 발전을 이루었어요. 이 기술이 우리에게 빠르고 안전한 운송 수단을 제공했지요. 하지만 항공기 분야는 아직도 발전할 부분이 많이 남아 있고, 우주 분야는 밝혀야 할 비밀이 아직도 많은 분야예요. 어때요? 의욕이 마구 솟구치지 않나요? 지금부터 열심히 공부하고 준비해서 항공 기술을 개발해 더욱 뛰어난 비행기를 개발하거나, 멋진 조종사가 되어 하늘을 비행하거나, 미래에 우주선을 타고 신비한 우주를 탐험하는 주인공이 된다면 어떨까요?

나는 한국항공대학교 항공우주박물관 박사!

항공우주박물관을 둘러본 친구들, 모두 수고했어요. 비행기 모형을 통해 옛날 비행기의 모습도 보고, 비행기에 들어가는 부품도 보고, 로켓 모형들도 보니 어땠나요? 재미있었나요? 그럼 이번에는 한국항공대학교 항공우주박물관에서 얼마나 체험학습을 잘 했는지 한번 확인해 볼까요?

❶ 누가 만들었는지 알아맞혀 보세요.

다음 비행기구를 보고, 각각의 비행기구와 관계있는 사람을 찾아 연결해 보세요.

몽골피에 형제   기파르   릴리엔탈   라이드 형제

❷ 비행기에 대해서 알아보아요.

다음은 비행기에 대한 설명이에요. 잘 읽고 맞는 설명에는 ○표, 잘못된 설명에는 ✕표 하세요.

1) 수직꼬리날개는 동체 뒤에 직각으로 세워진 날개로, 비행기가 왼쪽이나 오른쪽으로 움직이는 운동을 안정적으로 하게 해 주어요. (　)

2) 엔진은 비행기가 지상으로 내려올 때 충격을 받지 않고 안전하게 내릴 수 있게 해 주어요. (　)

3) 솝위드캐멀은 제1차 세계 대전 때 활약한 전투기예요. (　)

4) 비행기가 위로 뜰 수 있는 것은 항력 덕분이에요. (　)

5) 고익기는 날개가 동체 아래쪽에 달려 있는 비행기예요. (　)

6) 비행기가 위로 뜰 수 있는 것은 양력 덕분이에요. (　)

7) 피칭은 비행기에서 비행기의 기수가 위아래로 움직이는 운동을 말해요. (　)

8) 폭격기는 전쟁터에 나가서 폭탄을 떨어뜨리는 비행기예요. (　)

③ 행성의 이름을 알아맞혀 보세요.

다음은 태양계에 있는 행성과 그 이름이에요. 빈칸에 알맞은 이름을 보기에서 찾아 쓰세요.

보기	화성 천왕성 토성 금성

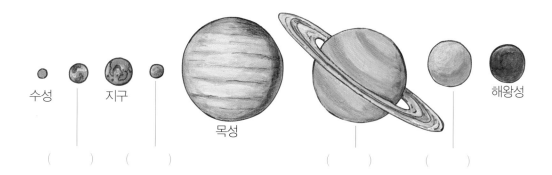

수성   지구   목성   해왕성

(   )   (   )   (   )   (   )

④ 우주를 비행하는 물체에 대해 알아보아요.

다음은 우주 비행 물체의 사진이에요. 보기에서 알맞은 이름을 찾아 빈칸에 써 보세요.

보기	V-2 로켓 소유즈 우주선 디스커버리 아폴로 우주선

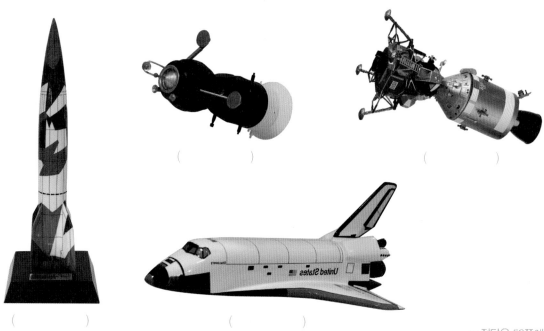

(   )   (   )

(   )   (   )

정답은 56쪽에

비행 원리를 이용하여 종이비행기를 만들어 보아요

한국항공대학교 항공우주박물관을 돌아보면서 비행기가 나는 원리를 배웠지요? 그런데 그 원리는 종이비행기에도 똑같이 적용되지요. 따라서 잘 날 수 있는 종이비행기를 실제로 만들어 보는 것은 비행의 원리를 이해하는 데 아주 좋은 방법이에요. 아래 자료를 보고 종이비행기를 만들면서, 잘 나는 종이비행기 만드는 법을 정리해 보면 비행 원리를 확실히 알 수 있을 거예요.

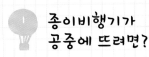

종이비행기를 만들기 전에 알아두어야 할 비행 원리

1 종이비행기가 공중에 뜨려면?

양력이 중력보다 크면 위로 갈 거예요.

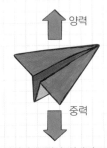

양력과 중력이 같다면 그대로 날아갈 거예요.

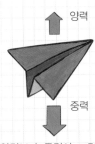

양력보다 중력이 크면 아래로 갈 거예요.

2 종이비행기를 기울여야 날 수 있다?

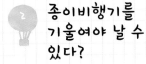

종이비행기는 에어포일과 달리 평평하지요. 그래서 약간 뒤쪽으로 기울여서 날리는데, 기울이게 되면 공기가 통과하는 면의 길이가 차이가 나서 위로 뜨는 양력이 발생해요.

3 승강키를 이용해서 더 멀리, 더 높이 날 수 있다?

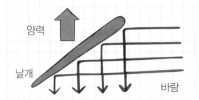

날개 뒤쪽에 승강키를 만들어서 위로 올리면 위쪽으로 공기가 많이 모이게 되고, 아래 방향으로 힘이 작용하게 되어서 비행기 앞부분은 올라가고 뒷부분은 내려가는 힘이 생겨서 비행기가 더 멀리, 더 높이 날 수 있어요.

4 날개의 크기에 따라 뭐가 달라질까?

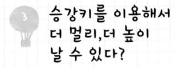

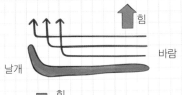

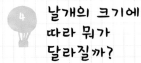

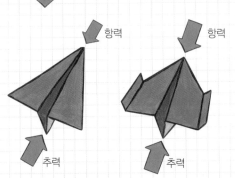

날개의 크기가 작으면 그 만큼 저항이 작아 작은 항력이 생기고, 날개의 크기가 크면 항력이 커져 날개가 작은 비행기보다 더 느리게 날게 되지요.

종이비행기 접는 법

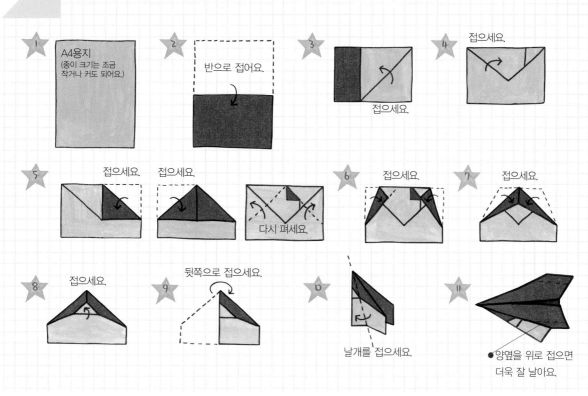

① A4용지
(종이 크기는 조금 작거나 커도 되어요.)

② 반으로 접어요.

③ 접으세요.

④ 접으세요.

⑤ 접으세요. 접으세요. 다시 펴세요.

⑥ 접으세요.

⑦ 접으세요.

⑧ 접으세요.

⑨ 뒷쪽으로 접으세요.

⑩ 날개를 접으세요.

⑪ ●양옆을 위로 접으면 더욱 잘 날아요.

✿ 잘 나는 종이비행기 만드는 법 ✿

1. 작성자: 서울 우주 초등학교 4학년 1반 37번 한나래

2. 비행원리: 양력이 생기면 비행기는 떠 있음.
   항력이 적으면 적을수록 비행기가 빠르게 날 수 있음.

3. 더 멀리, 더 빨리 나는 종이비행기를 만드는 방법:
   ① 종이비행기는 날개가 평평하므로 날릴 때 뒤쪽으로 기울여 날려야 함. 그러면 공기가 통과하는 면의 길이가 차이가 나서 위로 뜨는 양력이 생김.
   ② 종이비행기를 접은 뒤 마지막에 날개 옆을 위로 접어 올리면 비행기의 승강키와 같은 작용을 하여 비행기 앞부분은 위로 올라가고 뒷부분은 내려가는 힘이 생겨 더 멀리, 더 높이 날 수 있음.
   ③ 날개의 크기를 비교적 작게 만들면 항력이 크지 않아 빨리 날 수 있음.

4. 비행 원리에 따라 만든 종이비행기

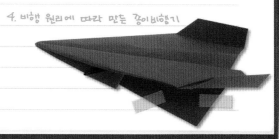

정답

(수직 꼬리 날개) ──── (수평 꼬리 날개)

13쪽

(착륙 장치) ──── (주 날개)

21쪽 1)스로틀 2)조종간 3)페달

23쪽 ② 조종간

35쪽 최무선

36쪽 ③ 코롤로프

41쪽 ② F-16

나는 한국항공대학교 항공우주박물관 박사!

① 누가 만들었는지 알아맞혀 보세요.

다음 비행기구를 보고, 각각의 비행기구와 관계있는 사람을 찾아 선으로 이으세요.

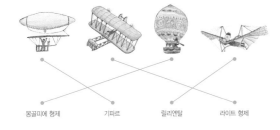

몽골피에 형제   기파르   릴리엔탈   라이트 형제

② 비행기에 대해서 알아보아요.

다음은 비행기에 대한 설명이에요.
잘 읽고 맞는 설명에는 ○표, 잘못된 설명에는 X표 하세요.

1) 수직꼬리날개는 동체 뒤에 직각으로 세워진 날개로, 비행기가 왼쪽이나 오른쪽으로 움직이는 운동을 안정적으로 하게 해 주어요. (○)

2) 엔진은 비행기가 지상으로 내려올 때 충격을 받지 않고 안전하게 내릴 수 있게 해 주어요. (X)

3) 솝위드캐멀은 제1차 세계 대전 때 활약한 전투기예요. (○)

4) 비행기가 위로 뜰 수 있는 것은 항력 덕분이에요. (X)

5) 고익기는 날개가 동체 아래쪽에 달려 있는 비행기예요. (X)

6) 비행기가 위로 뜰 수 있는 것은 양력 덕분이에요. (○)

7) 피칭은 비행기에서 비행기의 기수가 위아래로 움직이는 운동을 말해요. (○)

8) 폭격기는 전쟁터에 나가서 폭탄을 떨어뜨리는 비행기예요. (○)

③ 행성의 이름을 알아맞혀 보세요.

다음은 태양계에 있는 행성과 그 이름이에요. 빈칸에 알맞은 이름을 **보기**에서 찾아 쓰세요.

보기 화성 천왕성 토성 금성

수성   지구   목성   해왕성

(금성) (화성)   (토성) (천왕성)

④ 우주를 비행하는 물체에 대해 알아보아요.

다음은 우주 비행 물체의 사진이에요. **보기**에서 알맞은 이름을 찾아 빈칸에 써 보세요.

보기 V-2 로켓 소유즈 우주선 디스커버리 아폴로 우주선

(소유즈 우주선)   (아폴로 우주선)

(V-2 로켓)   (디스커버리)

사진 출처

게티이미지 43p(국제 우주 정거장 건설)

나사 33p(우주)

연합뉴스 34p(로켓)

유로포토서비스 48p(한국 최초의 우주인, 이소연)

주니어김영사(윤형구 촬영) 3p(한국항공대학교 항공우주박물관 전경) 7p(항공우주박물관 1층 전시실) 8p(이카로스, 항공 우주 발달사 전시관 전경) 10–11p(플라이어 호 모형, 대형 여객기, 전투기, 메서슈미트 모형, 제로파이터 모형, 스핏파이어 모형, 머스탱 모형) 13p(착륙 장치, 엔진, 날개) 14–15p(포커 모형, 타이거모스 모형, DC–3 다코타 모형, 미그–15 모형, Gee bee R1 모형) 17p(양력 시험 풍동기) 18p(고익기, 중익기, 저익기) 20p(스로틀, 훈련기 페달, 조종간, 조종석) 22p(승강키, 보조 날개, 방향키) 24–25p(비행 시뮬레이터, 조종간, 러더 페달, 공군 조종사 복장) 26–27p(비행기 모형 전시관, 전투기, 폭격기, 수송기, 헬리콥터, 여객기, 영상관과 체험실) 28p(멀티미디어 영상관) 30–31p(가상비행체험실, 비행기 비행 영상, 화성 탐사 영상) 33p(항공우주박물관 2층 전시실) 35p(우리나라 최초의 로켓, KSR–2) 36p(V–2 로켓 모형) 39p(아리랑 위성 모형, 무궁화 위성 태양 전지판) 40–41p(소유즈 우주선 모형, 디스커버리 모형) 42–43p(국제 우주 정거장 모형) 44–45p(우주복, 우주 식량) 46p(새턴 V 로켓 모형, 아폴로 우주선 모형) 49p(F–5B전투기, X–4, X–5, L–16, FA–200) 50–51p(한국항공대학교 항공우주박물관 옥외전시장)

포토스탁 7p(하늘)

한국항공대학교 항공우주박물관 8p(레오나르도 다빈치의 날개 스케치) 23p(상승비행, 하강비행, 선회비행) 29p(J로 시작하는 비행기 관련 단어 장면, 비행기 날개에 대한 설명 장면, 우주 왕복선 장면, 라이트 형제 장면, 열기구의 구조 장면, 비행 시 작용하는 힘 장면) 37p(무중력 상태를 건디기 위한 훈련 모습) 41p(컬럼비아, 부란) 43p(자르야–유니티 모듈)

초등학교 교과서와 관련된 학년별 현장 체험학습 추천 장소

1학년 1학기 (21곳)	1학년 2학기 (18곳)	2학년 1학기 (21곳)	2학년 2학기 (25곳)	3학년 1학기 (31곳)	3학년 2학기 (37곳)
철도박물관	농촌 체험	소방서와 경찰서	소방서와 경찰서	경희대자연사박물관	IT월드(과천정보나라)
소방서와 경찰서	광릉	서울대공원 동물원	서울대공원 동물원	광릉수목원	강원도
시민안전체험관	홍릉 산림과학관	농촌 체험	강릉단오제	국립민속박물관	경희대자연사박물관
천마산	소방서와 경찰서	천마산	천마산	국립서울과학관	광릉수목원
서울대공원 동물원	월드컵공원	남산골 한옥마을	월드컵공원	국립중앙박물관	국립경주박물관
농촌 체험	시민안전체험관	한국민속촌	남산골 한옥마을	기상청	국립고궁박물관
코엑스 아쿠아리움	서울대공원 동물원	국립서울과학관	한국민속촌	서대문자연사박물관	국립국악박물관
선유도공원	우포늪	서울숲	농촌 체험	선유도공원	국립부여박물관
양재천	철새	갯벌	서울숲	시장 체험	국립서울과학관
한강	코엑스 아쿠아리움	양재천	양재천	신문박물관	남산
에버랜드	짚풀생활사박물관	동굴	선유도공원	경상북도	남산골 한옥마을
서울숲	국악박물관	고성 공룡박물관	불국사와 석굴암	양재천	롯데월드 민속박물관
갯벌	천문대	코엑스 아쿠아리움	국립중앙박물관	경기도	국립민속박물관
고성 공룡박물관	자연생태박물관	옹기민속박물관	국립민속박물관	이화여대자연사박물관	삼성어린이박물관
서대문자연사박물관	세종문화회관	기상청	전쟁기념관	전쟁기념관	서대문자연사박물관
옹기민속박물관	예술의 전당	시장 체험	판소리	천마산	선유도공원
어린이 교통공원	어린이대공원	에버랜드	DMZ	한강	소방서와 경찰서
어린이 도서관	서울놀이마당	경복궁	시장 체험	화폐금융박물관	시민안전체험관
서울대공원		강릉단오제	광릉	호림박물관	경상북도
남산자연공원		몽촌역사관	홍릉 산림과학관	홍릉 산림과학관	월드컵공원
삼성어린이박물관		국립현대미술관	국립현충원	우포늪	육군사관학교
			국립4·19묘지	소나무 극장	해군사관학교
			지구촌민속박물관	예지원	공군사관학교
			우정박물관	자운서원	철도박물관
			한국통신박물관	서울타워	이화여대자연사박물관
				국립중앙과학관	제주도
				엑스포과학공원	천마산
				올림픽공원	천문대
				전라남도	태백석탄박물관
				경상남도	판소리박물관
				허준박물관	한국민속촌
					임진각
					오두산 통일전망대
					한국천문연구원
					종이미술박물관
					짚풀생활사박물관
					토탈야외미술관

4학년 1학기 (34곳)	4학년 2학기 (56곳)	5학년 1학기 (35곳)	5학년 2학기 (51곳)	6학년 1학기 (36곳)	6학년 2학기 (39곳)
강화도	IT월드(과천정보나라)	갯벌	IT월드(과천정보나라)	경기도박물관	IT월드(과천정보나라)
갯벌	강화도	광릉수목원	강원도	경복궁	KBS 방송국
경희대자연사박물관	경기도박물관	국립민속박물관	경기도박물관	덕수궁과 정동	경기도박물관
광릉수목원	경복궁 / 경상북도	국립중앙박물관	경복궁	경상북도	경복궁
국립서울과학관	경주역사유적지구	기상청	덕수궁과 정동	고성 공룡박물관	경희대자연사박물관
기상청	경희대자연사박물관	남산골 한옥마을	경상북도	국립민속박물관	광릉수목원
농촌 체험	고창, 화순, 강화 고인돌유적	농업박물관	경희대자연사박물관	국립서울과학관	국립민속박물관
서대문자연사박물관	전라북도	농촌 체험	고인쇄박물관	국립중앙박물관	국립중앙박물관
서대문형무소역사관	고성 공룡박물관	서울국립과학관	충청도	농업박물관	국회의사당
서울역사박물관	충청도	서울대공원 동물원	광릉수목원	롯데월드 민속박물관	기상청
소방서와 경찰서	국립경주박물관	서울숲	국립공주박물관	몽촌토성과 풍납토성	남산
수원화성	국립민속박물관	서울시청	국립경주박물관	민주화현장	남산골 한옥마을
시장 체험	국립부여박물관	서울역사박물관	국립고궁박물관	백범기념관	대법원
경상북도	국립서울과학관	시민안전체험관	국립민속박물관	서대문자연사박물관	대학로
양재천	국립중앙박물관	경상북도	국립서울과학관	서대문형무소 역사관	민주화 현장
옹기민속박물관	국립국악박물관 / 남산	양재천	국립중앙박물관	서울역사박물관	백범기념관
월드컵공원	남산골 한옥마을	강원도	남산골 한옥마을	조선의 왕릉	아인스월드
철도박물관	농업박물관 / 대법원	월드컵공원	농업박물관	성균관	서대문자연사박물관
이화여대자연사박물관	대학로	유명산	롯데월드 민속박물관	시민안전체험관	국립서울과학관
천마산	롯데월드 민속박물관	제주도	충청도	경상북도	서울숲
천문대	몽촌토성과 풍납토성	짚풀생활사박물관	서대문자연사박물관	암사동 선사주거지	신문박물관
철새	불국사와 석굴암	천마산	성균관	운현궁과 인사동	양재천
홍릉 산림과학관	서대문자연사박물관	한강	세종대왕기념관	전쟁기념관	월드컵공원
화폐금융박물관	서울대공원 동물원	한국민속촌	수원화성	천문대	육군사관학교
선유도공원	서울숲	호림박물관	시민안전체험관	철새	이화여대자연사박물관
독립공원	서울역사박물관	홍릉 산림과학관	시장 체험 / 신문박물관	청계천	중남미박물관
탑골공원	조선의 왕릉	하회마을	경기도	짚풀생활사박물관	짚풀생활사박물관
신문박물관	세종대왕기념관	대법원	강원도	태백석탄박물관	창덕궁
서울시의회	수원화성	김치박물관	경상북도	해인사 고려대장경과 장경판전	천문대
선거관리위원회	승정원 일기 / 양재천	난지하수처리사업소	옹기민속박물관	호림박물관	우포늪
소양댐	옹기민속박물관	농촌, 어촌, 산촌 마을	운현궁과 인사동	유니세프 한국위원회	판소리박물관
서남하수처리사업소	월드컵공원	들꽃수목원	육군사관학교	무령왕릉	한강
중랑구재활용센터	육군사관학교	정보나라	이화여대자연사박물관	현충사	홍릉 산림과학관
중랑하수처리사업소	철도박물관	드림랜드	전라북도	덕포진교육박물관	화폐금융박물관
	이화여대자연사박물관	국립극장	전쟁박물관	서울대학교 의학박물관	훈민정음
	조선왕조실록 / 종묘		창경궁 / 천마산	상수허브랜드	상수도연구소
	종묘제례		천문대		한국자원공사
	창경궁 / 창덕궁		태백석탄박물관		동대문소방서
	천문대 / 청계천		한강		중앙119구조대
	태백석탄박물관		한국민속촌		
	판소리 / 한강		해인사 고려대장경과 장경판전		
	한국민속촌		화폐금융박물관		
	해인사 고려대장경과 장경판전		중남미문화원		
	호림박물관		첨성대		
	화폐금융박물관		절두산순교성지		
	훈민정음		천도교 중앙대교당		
	온양민속박물관		한국에너지기술연구원		
	아인스월드		한국자수박물관		
			초전섬유퀼트박물관		